58.
Laura Benedetti

La sconfitta di Diana.
Un percorso per la «Gerusalemme liberata»

L'interprete

Collana diretta da Aldo Scaglione
della New York University, New York

ENDIMIONE: O dio viandante, la sua dolcezza è come l'alba, è terra e cielo rivelati. Ed è divina. Ma per altri, per le cose e le belve, lei la selvaggia ha un riso breve, un comando che annienta. E nessuno le ha mai toccato il ginocchio.

(Cesare Pavese, *Dialoghi con Leucò*)

Laura Benedetti

LA SCONFITTA DI DIANA

Un percorso per la «Gerusalemme liberata»

LONGO EDITORE RAVENNA

Si ringrazia il Department of Romance Languages and Literatures della Harvard University per il sostegno alla pubblicazione di questo volume

Questo volume è stampato su carta Fabriano «Palatina»

ISBN 88-8063-100-4

© Copyright 1996 A. Longo Editore snc
Via Paolo Costa 33 - 48100 Ravenna
Tel. (0544) 217026 Fax 217554
e-mail: longo-ra@linknet.it
All rights reserved
Printed in Italy

Premessa

Questo saggio si costruisce a partire da una prima, fondamentale constatazione che può colpire qualsiasi lettore della *Liberata*: la discrepanza tra la presenza femminile pagana (quantitativamente rilevante, notevole per risultati di elaborazione artistica) e quella cristiana (rappresentata, quasi esclusivamente, da Gildippe e Sofronia, due personaggi legati alla celebrazione del matrimonio, tra le creazioni più problematiche della fantasia tassiana). Leggere il poema a partire da questa osservazione si è rivelato affascinante: la pista seguita si è talvolta incrociata con altre già rivelatesi fruttuose ed ha invece, in altri casi, condotto in direzioni nuove ed impreviste. Il risultato, almeno nelle intenzioni, è un'interpretazione complessiva della *Gerusalemme liberata* che prenda in considerazione l'aspirazione civile del poema alla luce delle sue contraddizioni, dei sacrifici richiesti agli individui per inserirsi nel nuovo ordine. Il mito di Diana, dea presociale e antisociale, la cui verginità intransigente mira a garantire l'indipendenza femminile, costituisce la metafora ispiratrice centrale del lavoro.

La sconfitta di Diana è stato composto in prevalenza negli Stati Uniti: del dibattito critico e teorico nordamericano porta certamente i segni, ed è con un misto di curiosità e di apprensione che lo affido ad un pubblico che immagino, al contrario, prevalentemente italiano. Mi incoraggia però la convinzione che i classici siano tali perché in grado, se non di fornire risposte, almeno di porre domande anche a uomini e donne alle soglie del XXI secolo. L'interesse degli studenti americani alla *Liberata* conforta e sostiene questa speranza: se non ci stanchiamo di interrogare i grandi autori, essi, nella loro umanità, non si stancheranno di risponderci. Ma un classico che si ha paura di interrogare può essere solo oggetto di uno sterile culto accademico.

Se, come scrive Giulio Savelli, ogni interpretazione è la ricerca dei fondamenti di una fascinazione, allora questo lavoro rappresenta una risposta all'attrazione che da anni la *Liberata* esercita su di me, a partire da una prima lettura integrale che per uno strano caso si è svolta in Canada, ad Edmonton. Ma la validità di un percorso epistemologico si misura sulla sua capacità di servire da punto di riferimento per altri lettori, sul suo successo nel rispondere non alle tensioni individuali del critico, ma a quelle del testo. La mia ambizione è che questo lavoro non dica nulla – o molto poco – di me, e qualcosa invece sulla ragione stessa della sua esistenza, sull'incredibile poesia tassiana così viva a quattro secoli dalla morte del suo autore, così drammatica e coinvolgente, così moderna per tematiche e moduli espressivi.

Nel suo insieme il saggio è inedito, ma ci sono qua e là inevitabili sovrapposizioni con altri miei interventi tassiani, in particolare con quello che ne annunciava le linee principali, *La sconfitta di Diana. Note per una rilettura della «Gerusalemme Liberata»*, «MLN», 1, 1993, pp. 31-58, e anche con *La «vis abdita» della «Liberata» e i suoi esiti nella «Conquistata»*, «Lingua e stile», 2, 1995, pp. 465-477 e con *Virtù femminile o virtù donnesca? Torquato Tasso, Lucrezia Marinella ed una polemica rinascimentale* (in corso di stampa).

Grazie a chi mi ha aiutata in questo percorso: Mietta D'Amico ed Enrico Musacchio hanno avuto fiducia nelle mie qualità intellettuali quando io non sospettavo di possederne; con Pino Monorchio ho cominciato ad interrogarmi sulla *Liberata*; Pier Massimo Forni ha assistito con rispetto e competenza i primi passi di questa ricerca; molto devo all'intelligente sollecitudine di Renzo Bragantini e di Claude Cazalé Bérard, alla generosità umana e intellettuale di Franco Fido, al sostegno dei colleghi della Harvard University ed in particolare di Lino Pertile, Tom Conley e Mary Gaylord. Le conversazioni con la poetessa e classicista Julia Budenz hanno illuminato le fasi finali di questo lavoro: alcuni suoi suggerimenti hanno trovato posto nella versione definitiva, tutti hanno fornito spunti preziosi per ulteriori riflessioni. Nelle ultime revisioni mi è venuto in soccorso Walter Hryshko, valente *research assistant* anche in questa circostanza.

Un pensiero particolare per Brad Marshall, senza il quale avrei completato questo libro molto tempo fa.

Harvard University, giugno 1996   L. B.

I.
L'esempio di Diana

1. *La vergine inflessibile*

Molteplici, e talvolta contraddittori, erano gli attributi di Artemide. La figura della signora delle fiere si sovrappose a quella delle divinità femminili con cui i Greci venivano in contatto, e ne assunse le caratteristiche. La protettrice dei cuccioli umani e animali diventa così in Tauride una dea crudele che reclama il sacrificio degli stranieri gettati dal mare sulle rive; la vergine arcade dona il suo nome, ad Efeso, ad un'incarnazione della grande madre asiatica. Selene nel cielo, Artemide sulla terra, Persefone negli inferi possono essere considerate altrettante manifestazioni di Ecate, dea triforme della stirpe dei Titani. Divinità sotterranea, Ecate invia nottetempo demoni e esseri fantasmatici sulla terra, pratica la stregoneria, predilige gli incroci delle strade[1].

I Romani identificarono Artemide con la loro Diana, la cacciatrice[2],

---

[1] Cfr. tra gli altri Anna FERRARI, *Dizionario di mitologia* classica, Torino, UTET, 1990; Giuseppina SECCHI MESTICA, *Dizionario universale di mitologia*, Milano, Rusconi, 1990; Robert GRAVES, *The Greek Myths*, Edinburgh,, Penguin Books, 1955; Georges HACQUARD, *Guide Mythologique de la Grèce et de Rome*, Paris, Hachette, 1976.

[2] I Romani erano tuttavia consapevoli della complessità della figura della dea. Cicerone nel *De natura Deorum* enumera «plures Dianae», una delle quali avrebbe dato alla luce Cupido («pinnatum Cupidinem genuisse dicitur», III, 58): è l'interessante testimonianza di una fase, anteriore alla dicotomia tra Venere e Diana, in cui gli attributi delle due dee potevano confondersi e sovrapporsi. Cfr. M. VAN DEN BRUWAENE nell'appendice (p. 196) alla traduzione del *De natura Deorum*, Bruxelles, Editions Latomus, 1981. Sul culto di Diana v. l'ormai classico James George FRAZER, *The Golden Bough: a Study in Magic and Religion*, London, Macmillan, 1890.

la cui iconografia rimane di una coerenza pressoché assoluta attraverso i secoli: la dea è rappresentata come una giovane dal viso severo, vestita di una corta tunica che le lascia libertà di movimenti, dotata di arco, faretra, più raramente di rete e fiaccola[3]. Insieme con lei sono a volte rappresentati i cani, suoi compagni nella caccia, o i cervi, sue prede preferite. L'appellativo di *Trivia* dovrebbe essere sufficiente a mettere in guardia circa l'affinità di Diana con le temibili consorelle greche: la crudeltà della dea italica sembra tuttavia riservata in maniera pressoché esclusiva a chi non rispetta il suo pudore o alle sue stesse ninfe, qualora trasgrediscano la sua disciplina. Immensa fortuna avrebbero goduto attraverso i secoli i miti ovidiani della trasformazione in cervo di Atteone, colpevole di aver assistito al bagno della dea (*Metamorfosi* III, 155-250), e della punizione di Callisto, messa al bando da Diana per aver ceduto, suo malgrado, alla violenza di Giove (*Metamorfosi* II, 401-495).

Come emblema della verginità intransigente, Diana era destinata a esercitare un fascino duraturo, che avrebbe superato i confini del mondo classico. I suoi attributi si precisano sempre più come opposti a quelli di Venere, la dea dell'amore che appiana i conflitti e celebra le unioni. Memore della punizione inflitta a Callisto, Dante fa proclamare in questi termini ai lussuriosi le lodi di Diana:

[...] Al bosco
si tenne Diana, ed Elice caccionne
che di Venere avea sentito il tòsco.
(*Purgatorio* XXV, 130-132)

La riscrittura dantesca del mito ovidiano testimonia del fascino esercitato dalla dea: l'ideale da lei rappresentato – quello della castità ad oltranza, senza compromessi – doveva risultare caro ad una religione che l'aveva esaltato fino all'ossimoro della vergine madre del Salvatore. L'autore della *Commedia* si muove nel solco della tradizione e immobilizza la dea nel suo ruolo di vergine intoccabile, sorta di prefigurazione pagana di Maria[4].

---

[3] Il monumentale *LIMC (Lexicon Iconographicum Mythologiae Classicae)*, Zürich und München, Artemis Verlag, 1984, rende agevole il raffronto tra la varietà delle raffigurazioni di Artemide, i cui attributi variavano a seconda dei tempi e luoghi di culto, e l'uniformità della rappresentazione di Diana.

[4] Il Cristianesimo in espansione era stato presto costretto a fronteggiare, infatti, la grande popolarità di Artemide-Diana. Gli Atti degli Apostoli (19, 21) testimoniano le difficoltà incontrate da Paolo ad Efeso: un tumulto popolare sarebbe scoppiato al suo arrivo, con la popolazione inneggiante alla grandezza della dea. Non c'è da stupirsi, dunque, se

L'esempio di Diana

Boccaccio, invece, rielabora e rende attuale il mito, evidenziandone gli aspetti problematici. Lo spazio concesso alla figura della dea e ai risvolti drammatici degli ideali ad essa associati è tale da rendere possibile una lettura che segua le linee di sviluppo del tema da un testo all'altro. Sempre attento alle conseguenze sociali dell'agire individuale, l'autore del *Decameron* guarda con sospetto ad una figura che propone come ideale la castità e la separazione tra i sessi.

Nella giovanile *Caccia di Diana*, la tradizionale rivalità tra Diana e Venere, adombrata da Dante, fornisce il quadro generale di riferimento per un racconto saturo di significati allegorici. Al termine di una lunga giornata di caccia, le 59 giovani donne dell'aristocrazia napoletana si rifiutano di sacrificare la loro preda in onore di Diana. La «donna piacente», unica presenza femminile senza nome, spiega le ragioni del rifiuto: i petti delle cacciatrici ardono ormai «d'altro foco» (XVI, 53)[5]. Diana indispettita si ritira, e la donna gentile sacrifica la preda a Venere. La dea compare e trasforma ognuno degli animali che brucia nel fuoco in un uomo, che corre a bagnarsi nel fiume e ne esce ricoperto di un mantello vermiglio. Il narratore, trasformato da cervo in uomo, si vede offerto alla donna senza nome: la metamorfosi ovidiana è dunque percorsa in senso inverso dal fortunato

---

poco più in là si afferma la necessità di distruggerne il tempio. Efeso è stata la dimora vera o leggendaria di alcune figure chiave della cristianità: oltre a Paolo, Giovanni, Maria Maddalena e Maria; la presunta morte della Vergine ad Efeso fornì l'occasione di ridedicare a lei i templi di Artemide. La caratterizzazione della madre del Cristo risente del tentativo di esorcizzare il potere esercitato dalla dea: Maria riprende alcuni tratti di Diana, primo tra tutti la verginità, rielaborandoli e rendendoli consoni alla sua posizione nell'Olimpo cristiano. Malgrado ciò, la dea avrebbe continuato per molto tempo ancora ad esercitare una fiera concorrenza al Cristianesimo: ancora nel 431, i vescovi riuniti nel concilio di Efeso furono assediati da una folla proclamante fedeltà ad Artemide. Alla luce di questi avvenimenti, il fatto che in quello stesso concilio Maria ricevesse ufficialmente l'appellativo di «Theotokos» diventa qualcosa di più che una curiosa coincidenza: l'erede cristiana di Artemide relega la propria importanza alla funzione materna da lei svolta. La figura della dea, così rimossa e sostituita, avrebbe assunto, nelle sue occasionali, successive manifestazioni, caratteristiche sempre più negative, appropriandosi dei tratti di Ecate. Così, nel *Malleus Maleficarum*, le streghe nel loro viaggio verso il noce di Benevento volano in compagnia di Diana, mentre per Torquemada Diana è addirittura il diavolo. Cfr. Jacques BONNET, *Artémis d'Ephèse et la légende des Sept Dormants*, Paris, Librairie Orientaliste Paul Genthner, 1977, e Barbara G. WALKER, *The Woman's Encyclopedia of Myths and Secrets*, San Francisco, Harper & Row, 1983.

[5] Giovanni BOCCACCIO, *Caccia di Diana*, a cura di Vittore Branca, in *Tutte le opere di Giovanni Boccaccio*, a cura di V. Branca, vol. I, Milano, Mondadori, 1967.

che ottiene per grazia di Venere ciò di cui Atteone era stato privato dall'ira di Diana[6].

Il tema di Diana sottende la ribellione delle donne e la società delle amazzoni nel I libro del *Teseida delle nozze di Emilia*. Le donne di Scizia si riuniscono e deliberano di non voler più essere soggette agli uomini: uccidono pertanto i propri mariti ed eleggono a regina Ippolita, che «a ben vivere *dia* forma e luce» (8, 4)[7]. Le regole dettate dalla regina stabiliscono che nessun uomo entri nel regno, pena la morte. Le donne, al contrario, devono essere ricevute benevolmente e accettate nel gruppo, qualora desiderino restare, cosicché possano prendere il posto di quelle che muoiono: la soluzione al problema della riproduzione è elementare, ma rivela la preoccupazione di fondare una società destinata a durare nel tempo. Alla notizia dell'arrivo di Teseo, duca di Atene, determinato ad aver ragione del piccolo regno amazzone, Ippolita si rivolge alle sue compagne per incitarle alla resistenza. Il suo nobile discorso, che riecheggia, a tratti, quello famoso dell'Ulisse dantesco[8], oltre ad esaltare in termini paradossali il valore delle sue suddite («uomini fatti, non femine ardite»), rievoca i tempi trascorsi nella società degli uomini, l'inuguaglianza che ha scatenato la ribellione:

> [...] [gli uomini] non stimavan che d'equal semenza
> con lor nascessim; ma come da mostri,
> da quercie, over da grotte partorite,
> eravam poco qui da lor gradite.

---

[6] Cfr. *Diana's Hunt. Boccaccio's First Fiction*, traduzione e commento a cura di Anthony K. Cassell e Victoria Kirkham, Philadelphia, University of Pennsylvania Press, 1991, p. 11.

[7] Giovanni BOCCACCIO, *Teseida delle nozze di Emilia*, a cura di Alberto Limentani, in *Tutte le opere*, cit., vol. II, 1964. Che il tema esercitasse un fascino particolare su Boccaccio sembra confermato dalla *excusatio non petita* della chiosa all'ottava 6: «Con ciò sia cosa che la principale intenzione dell'autore di questo libretto sia di trattare dell'amore e delle cose avvenute per quello, da due giovani tebani, cioè Arcita e Palemone, ed Emilia amazona [...] potrebbe alcuno, e giustamente, addimandare che avesse qui a fare la guerra di Teseo con le donne amazone, della quale solamente parla il primo libro di questa opera. Dico, e brievemente, che l'autore a niuno fine queste cose scrisse, se non per mostrare onde Emilia fosse venuta ad Attene; e perciò che la materia, cioè de le predette donne amazone, è alquanto pellegrina alle più genti, e perciò più piacevole, la volle alquanto più distesamente porre che per aventura non bisognava».

[8] Cfr. l'ottava 25 («[...] allor ch'amor, né paura né merto / non vi ritenne che voi non mandaste / a compimento il vostro pensier certo») e 32 («considerate ciò che può seguire / dall'esser vigorose o con timore»).

L'esempio di Diana

> E' si tenevan l'altezze e gli onori
> senza parteciparle a noi giammai,
> le quali eravam degne di maggiori
> ch'alcun di loro, a dir lo vero, assai [...]
> (29-30)

La guerra è feroce, ma dopo uno scambio di ambasciate, assediata dentro le mura della sua città, Ippolita si prepara alla resa, e rivolge alle sue compagne un nuovo discorso, dai toni ben diversi: Venere è adirata con la loro società che non rispetta le sue leggi, e favoreggia, col suo amico Marte, i Greci. L'aggressione che subiscono è conseguenza dell'aver rinunciato alla protezione maschile, ché nessuno le attaccherebbe se mariti, figli e fratelli fossero con loro. Non è disonorevole l'arrendersi a Teseo, conclude Ippolita,

> perciò ch'ogn'uom per femine ci tiene,
> come noi siamo, e lui duca d'Attene.
> (121)

La resa delle amazzoni viene dunque presentata come un riconoscimento, da parte delle donne, della propria natura, per troppo tempo ignorata. Senza seguito rimane la contestazione della società maschile (o, per meglio dire, alla società in cui i sessi interagiscono secondo regole tese a mantenere la supremazia maschile) descritta dalla regina nel primo dei suoi discorsi. È come se il testo fosse abbastanza «sovversivo» per formulare la domanda, ma non per trovare la risposta: l'alternativa ad una società dominata dagli uomini è rappresentata da una società parallela, paradossale, in cui le donne sono uomini. La vita sociale viene presentata come regolata da leggi magari ingiuste ma ineluttabili perché basate sulla natura umana: non può, di conseguenza, essere cambiata, ma solo rifiutata in blocco, nella città delle amazzoni o in un universo presociale. Sono soluzioni provvisorie, sempre minacciate dal pericolo di un contatto tra i sessi che riproponga le vecchie dinamiche, rimaste immutate.

Il carattere innaturale delle società composte da sole donne verrà sottolineato da Boccaccio ancora una volta, nell'opera che conclude la stagione dei suoi esperimenti giovanili. Nel *Ninfale fiesolano* Venere e Diana sono di nuovo a confronto: è la dea dell'amore, infatti, a suggerire ad Africo, giovane pastore, la strategia da adottare per conquistare l'amore di Mensola, ninfa cara a Diana. La storia ha una fine tragica: dopo aver invano atteso Mensola nel luogo convenuto, Africo deluso si uccide. A sua volta Mensola, dopo aver dato alla luce il frutto del suo unico incontro con Africo, viene sorpresa da Diana e convertita in fiume. Ma che il tema di Diana ispiri nel *Ninfale* qualcosa di più che una triste storia d'amore diviene evidente verso il finire dell'opera, quando Atlante fonda Fiesole e le ninfe vengono disperse:

> le genti cominciarono a pigliare
> di quelle ninfe che lassù trovossi,
> e qual poté dalle lor man campare,
> da tutti questi poggi dileguossi;
> e cosí fûr le ninfe allor cacciate,
> e quelle che fûr prese, maritate.
> (437)[9]

Osserva Forni in margine a quest'ottava che il *Ninfale* è per Boccaccio anche «un'occasione per vagheggiare il mito della costituzione della società civile: società che non può non basarsi sulla sconfitta di Diana e quindi sul trionfo di Venere [...], ovvero sul matrimonio e sulla famiglia». Come già nel *Teseida*, l'indipendenza femminile, causa di lutti e sciagure, viene sacrificata all'altare della società civile, mentre ulteriormente si precisa il valore negativo connesso al mito di Diana. La figura della dea si definisce non solo come antisociale, intrinsecamente opposta alla società, ma anche presociale, cronologicamente anteriore alla sua istituzione.

L'importanza, il valore poco men che sacro attribuito da Boccaccio alla città, alla civile convivenza, sono alla base dell'avversione per una figura chiamata dallo stesso autore ad incarnare gli ideali opposti, peraltro impliciti nella sua caratterizzazione classica. Questo processo di attualizzazione e problematizzazione del mito non conduce, tuttavia, ad un'analisi approfondita: i sacrifici che la vita associata richiede agli individui, e in particolare alle donne, rimangono nell'ombra, come offuscati dal trionfo di Venere che, riuniti i nemici di ieri, sembra promettere il migliore dei mondi.

2. *Il dibattito rinascimentale*

Ci si potrebbe chiedere perché l'indipendenza femminile venga presentata come possibile solo in un contesto extrasociale.

---

[9] Giovanni BOCCACCIO, *Ninfale fiesolano*, a cura di Pier Massimo Forni, Milano, Mursia, 1991.

Una possibile risposta, sebbene espressa a più voci non sempre concordi, è riscontrabile nell'ampia trattatistica rinascimentale sul ruolo della donna nella società e sulla questione, ad esso legata, della virtù femminile. Le autorità di Aristotele e Platone dissentivano su questo punto. Scrive Aristotele che, come per natura c'è chi governa e chi è governato, così le qualità dell'uno e dell'altro sono di necessità differenti. Le virtù dell'uomo e della donna sono dunque di natura diversa: il coraggio, che nell'uomo si manifesta nel comandare, è obbedienza nella donna (*Politica* I, 13). Nell'*Economica* (I, 3) si sottolinea come le qualità siano diverse per meglio corrispondere alle diverse funzioni dei due sessi nel contesto della famiglia e nei confronti della prole. Platone, al contrario, riscontra la stessa virtù in uomini e donne (*Menone* 71-75), e ribadisce a più riprese la necessità di un'uguale educazione per entrambi i sessi, preambolo ad una comune partecipazione e gestione della cosa pubblica (*La Repubblica* V, 451-456, *Le leggi* VI, 781 e VII, 804).

Delle tre correnti che Ian Maclean distingue nel dibattito rinascimentale sul soggetto, due si rifanno direttamente alle autorità classiche: per Theodor Zwinger (1543-1583), autore di un commento ad Aristotele (l'*Aristotelis politicorum libri octo*, 1582) la virtù femminile è diversa, *in genere*, da quella maschile: uomini e donne dovrebbero quindi praticare virtù diverse, spesso complementari (silenzio e obbedienza per la donna, eloquenza e comando per l'uomo). Gli scrittori di ispirazione neoplatonica e neostoica invece, sostengono che la virtù sia uguale in entrambi i sessi[10]. Queste due posizioni, in teoria opposte, presentano una sconsolante similitudine se rapportate alla vita pratica. L'ideale neoplatonico, che presenterebbe come conseguenza immediata la partecipazione delle donne alla vita politica, subisce una brusca correzione nella discesa sulla terra: sebbene identiche nella loro potenzialità per la virtù, le donne devono adattarsi alla loro diversa funzione sociale, che impone virtù non richieste all'uomo, come la modestia e il silenzio, e dispensa da altre non necessarie o addirittu-

---

[10] Ian MACLEAN, *The Renaissance Notion of Woman*, Cambridge, Cambridge UP, 1980, pp. 55-56. Oltre alle due tendenze qui esaminate, Maclean ne riscontra una terza, rappresentata principalmente da Montecatini, autore di *In politica progymnasmata* (1587): «[...] here the notion of the identity of male and female virtue *in genere* is retained as a deep structure, but subjected to a transformation which produces different *officia* (duties) in relation to society and to the individual. These *officia* are said to result from the different physiological and social functions of the sexes [...] The virtues she [the woman] must practise are distinct not *in genere*, but *in ratione et modo*: it is thus incumbent on both sexes to be just, temperate, continent, courageous, and so on, but in relation to their function».

ra controproducenti, come il coraggio e l'eloquenza. Nel III libro del *Cortegiano*, Giuliano de' Medici, incaricato di confutare le opinioni misogine di Gaspare Pallavicino, elogia le donne come «naturalmente capaci di quelle medesime virtù che son gli uomini»[11], ma prescrive poi per la donna di corte comportamenti diversi da quelli del suo corrispettivo maschile. Alla donna così creata è indispensabile la bellezza («perché in vero molto manca a quella donna cui manca la bellezza») ma anche la circospezione, affinché non si dica male di lei («perché la donna non ha tante vie da difendersi dalle false calunnie, come ha l'omo»). Soprattutto, deve possedere «una certa affabilità piacevole»[12], riferita, come sottolinea Marina Zancan, alla «sua *capacità di ricevere*, e riflettere, il discorso prodotto dall'altro, funzione speculare a quella del cortegiano, la cui capacità nell'intertenere è [...] relativa a *produrre* un discorso forgiato su mediocrità, equilibrio, onestà»[13]. Insomma, il riconoscimento di una simile virtù in uomini e donne non muta, neanche nell'ambiente rarefatto della corte, il sistema di valori, mentre costituiva in Platone il presupposto della comune partecipazione dei sessi alla vita politica. Non si tratta qui di delineare il profilo di un Platone femminista *ante litteram*, immagine facilmente confutabile attraverso un'analisi più accurata dei suoi scritti, ma di notare come persino l'eventuale adesione, da parte dei trattatisti rinascimentali, alle sue celebri posizioni sulla virtù femminile, sia parziale, privata di ogni riferimento alla vita pratica. Significativo a questo riguardo l'esempio di Domenico Bruni, sedicente filogino: il primo libro del suo *Difese delle donne*[14] espone le opinioni dei denigratori del sesso femminile, il secondo le confuta punto per punto, ma il terzo è una giustificazione dei limiti imposti alle donne dalle leggi canoniche e civili. I legislatori hanno imposto tali limiti non perché convinti della natura inferiore delle donne, Bruni si sforza di dimostrare, ma perché spinti da sollecitudine nei confronti del sesso femminile. Così, le leggi che interdiscono l'accesso alle cariche pubbliche, la comparizione davanti ai magistrati, l'attività bancaria e legi-

---

[11] Baldesar CASTIGLIONE, *Il Cortegiano, con una scelta delle Opere minori*, a cura di Bruno Maier, Torino, UTET, 1955, p. 365. Già in precedenza Giuliano de' Medici aveva riconosciuto come la virtú delle donne non fosse «punto inferiore a quella degli uomini» (p. 330).
[12] *Ivi*, pp. 342-343.
[13] Marina ZANCAN, *La donna e il cerchio nel «Cortegiano» di B. Castiglione. Le funzioni del femminile nell'immaginario di corte*, in *Nel cerchio della luna. Figure di donne in alcuni testi del XVI secolo*, a cura di M. Zancan, Venezia, Marsilio, 1983, p. 46.
[14] Domenico BRUNI, *Difese delle donne*, Firenze, Giunti, 1552.

slativa, sono tutte ispirate dal desiderio di preservare la «donnesca honestà», incompatibile con i contatti e le conversazioni necessari in quelle occupazioni. Che le donne non possano fungere da testimoni nei lasciti e nelle cause capitali, è dettato dal desiderio di risparmiare loro le inimicizie e malevolenze spesso legate a tali affari, oltre che dall'inevitabile preoccupazione per il decoro muliebre. In altre argomentazioni, viene messo ancor più in evidenza il carattere immutabile e ineluttabile attribuito alla società: se le donne non possano esercitare la potestà sopra i loro stessi figli, è perché nessuno può servire due padroni, e quindi, essendo la prole tenuta ad obbedire al padre, non c'è spazio per l'autorità femminile; se non possono ereditare i feudi, è per evitare che al loro matrimonio la nobiltà della casata si trasferisca ad altre famiglie, è così via. Sgombrato dunque il campo dagli equivoci, Bruni può esaminare nel IV libro «in che cose la Donna sia più eccellente dell'huomo», e lanciarsi in un paradossale elogio della perfezione del sesso femminile.

Il fervore che animava la discussione intorno al ruolo della donna potrebbe creare a distanza un'illusione ottica, dare cioè l'impressione di un reale tentativo di instaurare su nuove basi la convivenza dei sessi, ma la consonanza in cui si armonizzano voci diverse, unite a scongiurare ogni cambiamento sociale, mette al contrario in evidenza il carattere retorico e puramente intellettuale del dibattito. È questo un concetto fondamentale in grado di risolvere l'apparente contraddizione tra una società fondamentalmente statica e l'abbondante produzione teorica che, a partire dal *Della eccellenza e dignità delle donne* di Galeazzo Flavio Capra[15], tendeva a dimostrare la superiorità o almeno l'uguaglianza del sesso femminile. Secondo i dati forniti da Conor Fahy, questo tipo di trattato è il più comune tra quelli dedicati nel XVI secolo alla donna[16]. In gioco, tuttavia, non è certo la ristrutturazione su basi nuove della società, ma un benevolo riconoscimento, da parte degli uomini, delle potenzialità femminili[17]. La virtù

---

[15] Galeazzo Flavio CAPRA, *Della eccellenza e dignità delle donne*, a cura di Maria Luisa Doglio, Roma, Bulzoni, 1988.
[16] Conor FAHY, *Three Early Renaissance Treatises on Women*, «Italian Studies», 11, 1956, pp. 31-55.
[17] Portando ad esempio il *Dialogo della dignità delle donne* di Sperone Speroni (1543), Pamela Joseph Benson osserva che «most sixteenth-century writers do not perceive a discrepancy between women's abilities and the role assigned them in society; those that do resolve the difficulty by asserting that women themselves find happiness in a subservient position» (*A Defense of the Excellence of Bradamante*, «Quaderni d'Italianistica», 2, 1983, p. 152 [nota 20]). Cfr. Virginia COX, *The Single Self: Feminist Thought and the Marriage Market, in Early Modern Venice*, «Renaissance Quarterly», 3, 1995, in

femminile, anche quando riconosciuta uguale a quella degli uomini, viene rimandata al mondo delle idee, ammessa solo in un ipotetico *vacuum* sociale: nel regno, potremmo dire, di Diana.

Di fronte a questa ed altre contraddizioni che percorrono la trattatistica rinascimentale, Ruth Kelso e Daniela Frigo, in tempi più o meno recenti, hanno avanzato l'ipotesi che il dibattito, lungi dal mettere in discussione l'ordine stabilito, tentasse piuttosto di arginare e segnatamente stigmatizzare dei comportamenti sociali trasgressivi[18]. Gli esempi più eclatanti di un anomalo ruolo femminile si trovavano al di là delle Alpi, con i regni di Elisabetta I (contro cui, in particolare, si indirizzavano gli squilli della tromba di John Knox, che chiamava alle armi i contemporanei contro l'avanzata del mostruoso esercito femminile[19]) e Caterina de' Medici. Nelle corti italiane, tuttavia, non mancavano donne in grado di esercitare una certa influenza, sebbene, sempre e comunque, attraverso mariti o fratelli. Significative a questo proposito le lettere inviate da Tasso, in cerca di protezione e di vari favori, a donne illustri quali Lucrezia d'Este, Vittoria Colonna, Eleonora e Margherita Gonzaga, Bianca Cappello. In una struggente epistola da Sant'Anna, il poeta si rivolge a Lucrezia d'Este, sorella di Alfonso II, in questi termini:

> [...] tutte le grazie ch'io ricevei dal signor duca furono più di Vostra Altezza che sue, perché il principio derivava da lei, come gli effetti dal signor duca [...]
> la supplico che m'aiuti ad uscir di queste stanze [...][20]

Per quanto si voglia tenere nella giusta considerazione la strategia retorica tesa a lusingare l'illustre destinataria, il passo suggerisce comunque fiducia, da parte di Tasso, nel potere di Lucrezia. La duchessa d'Este non era l'unica donna importante che poteva fare qualcosa per il poeta in diffi-

---

particolare pp. 519-520 e 525.

[18] Cfr. Ruth KELSO, *Doctrine for the Lady of the Renaissance*, Urbana, University of Illinois Press, 1956, p. 19 e Daniela FRIGO, *Dal caos all'ordine: sulla questione del «prender moglie» nella trattatistica del sedicesimo secolo*, in *Nel cerchio della luna*, cit., pp. 66-67.

[19] Cfr. Betty MILLAN, *The Monstrous Regiment. Women Rulers in Men's Worlds*, Frome and London, Butler and Tanner Ltd, 1982, in particolare pp. 143-144. L'opera di John Knox in questione è *The First Blast of the Trumpet against the Monstruous Regiment of Women* (1558).

[20] *Le Lettere di Torquato Tasso, disposte in ordine di tempo ed illustrate da Cesare Guasti*, Firenze, Le Monnier, 1853, vol. II, pp. 355-356.

L'esempio di Diana

coltà. Bianca Cappello fece pervenire un aiuto finanziario quale ricompensa per un sonetto inviatole[21], e Eleonora Gonzaga ebbe un ruolo importante nella liberazione da Sant'Anna. Non c'è da sorprendersi, dunque, se il poeta, nel *Della virtù femminile e donnesca*[22], dedicato proprio a Eleonora Gonzaga, non se la sentisse di criticare la partecipazione femminile alla vita pubblica. Il discorso fu scritto verso la fine del 1580, quindi durante la reclusione, e la redazione dovette essere piuttosto tormentata, come testimoniano le numerose stesure[23]. È un'opera di grande interesse in quanto permette di rendersi conto delle difficoltà incontrate da un intellettuale che tentasse di servirsi del proprio bagaglio filosofico ai fini dell'elogio di una donna immersa nella vita sociale e politica del suo tempo. Nell'esordio, Tasso riassume le concezioni di Aristotele e Platone riguardo alla virtù femminile. Secondo Platone, l'uomo e la donna hanno identiche virtù, ed ogni differenza deve essere attribuita alle diverse funzioni dei due sessi nella società. Lo stesso è vero per la mano destra e la sinistra, che, sebbene uguali, si sviluppano in maniera differente per adattarsi all'uso che se ne fa. Per Aristotele, invece, tanto la differenza tra virtù maschile e femminile, quanto quella tra le due mani, è stabilita dalla natura. Tasso sembra propendere per la posizione aristotelica, ed elenca le qualità pertinenti a ciascun sesso: la fortezza, la liberalità e l'eloquenza sono virtù dell'uomo, così come la pudicizia, la parsimonia e il silenzio della donna. Un individuo deve essere giudicato per la sua maggiore o minore adesione al sistema di valori proprio del suo sesso: così, in un uomo sarà difetto la viltà, e in una donna l'impudicizia, perché contrarie alle rispettive qualità.

> Ma onde avviene che la donna impudica sia infame, e l'uomo pubblico infame non sia riputato? forse per la stessa ragione, per la quale la timidità, che si biasima nell'uomo, non è vergognosa nelle donne; perciocchè così l'uomo, come la donna è onorato, e disonorato per lo proprio vizio, e per la propria virtù, e non per gli altri, o almeno non tanto che loro si debba attribuire il nome di onorato e di disonorato; onde essendo propria virtù dell'uomo la fortezza, per la fortezza è onorato [...] siccome all'incontro per la viltà è disonorato;

---

[21] Cfr. Gino CORTI, *Un autografo inedito di Torquato Tasso*, «Lettere Italiane», 2, 1990, pp. 294-295.
[22] *Della virtù femminile e donnesca*, in Torquato TASSO, *Opere*, a cura di Giovanni Rosini, Pisa, Niccolò Capurro, 1823, vol. XI, pp. 185-196.
[23] Cfr. Dennis J. DUTSCHKE, *Il discorso tassiano «De la virtù feminile e donnesca»*, «Studi tassiani», 32, 1984, pp. 5-28.

similmente la donna per la pudicizia è onorata, e disonorata per l'impudicizia [...][24]

Partendo dalla considerazione che Aristotele non stabilì nessuna differenza tra virtù femminile e maschile nelle sue opere morali, come fece invece in quelle dedicate alla politica, Tasso ritiene la diversità della virtù consona ai ruoli sociali ricoperti dai due sessi, e per questo non solo naturale, ma anche introdotta e rafforzata dalle usanze e dai legislatori.

> [...] alla considerazione della felicità civile deve necessariamente precedere la cognizione della virtù civile, dico della virtù in quanto è utile alla città; perciocchè molte fiate può avvenire che la città in uno abbia bisogno di minor virtù, ed in altro di maggiore: e per questo ne' servi, che son parte della città, niuna, o molto poca virtù è ricercata, e solo tanto quanto or basti per obbedire, e per eseguire gli altrui comandamenti; ma nelle donne, che son parte della città, pure alcuna virtù è ricercata, ancorchè non tale quale è degli uomini [...][25]

A questo punto, nel tentativo di conciliare le opinioni espresse col promesso elogio di Eleonora Gonzaga, l'autore opera un cambiamento di prospettiva, introducendo la variabile del livello sociale. I criteri applicati per definire la virtù femminile non vanno applicati indiscriminatamente: concepiti per definire i parametri di comportamento di una donna comune («una cittadina, o [...] una gentildonna privata, [...] una industriosa madre di famiglia»), si rivelano inadeguati se applicati ad una principessa, la cui virtù non deve essere definita femminile, ma donnesca, «il quale tanto vale, quanto signorile». La donna al potere può godere degli stessi privilegi degli uomini del suo stesso rango,

> [...] perciocchè ella trascendendo, e trapassando non solo la condizione dell'altre donne, ma l'umana virtù, sol di operare prudentemente, e fortemente si diletta: e la sua virtù non è l'imperfetta, ma la perfetta virtù; non la mezzana, ma l'intera virtù, onde a ragione ella può esser o destra, o sinistra; nè a lei più si conviene la modestia, e la pudicizia femminile, di quel che si convenga al cavaliere; perchè queste virtù di coloro son proprie, di cui l'altre maggiori non possono esser proprie[26].

---

[24] *Della virtù*, cit., p. 189.
[25] *Ivi*, p. 188.
[26] *Ivi*, p. 193.

L'esempio di Diana

Non sfuggano le contraddizioni annidate tra le maglie di questo serrato argomentare: non viene postulata, infatti, una distinzione apprezzabile tra la virtù di un cittadino ordinario e quella di un sovrano, mentre una donna può ottenere grazie alla posizione sociale ciò di cui è privata dall'appartenenza al suo sesso. La donna di alto rango viene dunque dispensata dall'aderire alle norme previste per una qualsiasi cittadina, ivi compresa la pudicizia, relegata al rango di virtù secondaria commendabile in condottieri di ambo i sessi (in Zenobia e Artemisia come in Scipione e Camillo) ma in definitiva accessoria. La virtù così ottenuta non è, come Tasso vorrebbe, «destra, o sinistra», cioè una combinazione degli attributi maschili e femminili, quanto piuttosto la virtù maschile *tout court*. Il tentativo di elaborare un terzo tipo di virtù, che riepiloghi e trascenda le prerogative dei due sessi, fallisce: la virtù rimane, si direbbe quasi per sua stessa natura, propria del *vir*, e la sottigliezza del ragionamento tassiano riesce a trasferirne la pratica alla donna solo in circostanze eccezionali e sottilmente snaturanti.

Della virtù è un'opera estremamente interessante, pur nella sua brevità, perché rivela, attraverso le contraddizioni interne, un problema reale che i trattatisti rinascimentali si trovarono ad affrontare: sebbene il sistema filosofico che li aveva nutriti non prevedesse donne al potere, la presenza di tali donne era una realtà che bisognava tenere in considerazione, almeno in certe occasioni [27]. L'elogio tassiano della virtù donnesca è talmente elaborato e tiepido che non c'è da stupirsi di come venga smentito in un altro testo dello stesso autore. Nel *Padre di famiglia*, infatti, dedicato a Scipione Gonzaga, si legge che

> niuna differenza di nobiltà può esser sì grande che maggior non sia quella che la natura ha posta fra gli uomini e le donne, per le quali naturalmente nascono lor soggette [28].

Quando non costretto dal rango e dal sesso della destinataria, Tasso poteva dunque esprimere un'opinione convenzionale in diretto contrasto

---

[27] «Theory does not divide women in two groups, the rulers and the ruled, and prescribe to each a different set of laws on the basis of that relationship. Practise did just that, but not theory. Theory said that all women must be ruled» (Ruth KELSO, *op. cit.*, p. 3).

[28] Torquato TASSO, *Dialoghi*, edizione critica a cura di Ezio Raimondi, Firenze, Sansoni, 1958, vol. II, tomo I, p. 355.

con quella faticosamente elaborata in *Della virtù*[29].

3. Il tema di Diana nella «Gerusalemme liberata»[30]

Appoggiandosi all'autorità aristotelica, Tasso, nel trattato dedicato alla virtù femminile, ribadisce dunque la necessità di una ripartizione – sia essa effetto di natura, o opera delle leggi – degli *officia* tra i due sessi, ai fini della vita associata. L'ideale della civile convivenza gioca un ruolo importante nella *Liberata*: la conquista della Gerusalemme terrena, immagine di quella celeste, è la conquista della «civile beatitudine», di un'armoniosa dimensione collettiva. La marcia di avvicinamento alla città santa rappresenta il processo di educazione dell'individuo, che sacrifica le proprie aspirazioni strettamente personali, inconciliabili con il benessere della collettività, pur di avere una sua collocazione nell'armoniosa struttura in via di formazione. Tasso sembra affascinato dagli aspetti più problematici di questo processo: la virtù del perfetto individuo, infatti, non sempre coincide con quella del perfetto cittadino (come espresso ancora da Aristotele in *Politica* III, 4), e il processo di adattamento alla disciplina richiesta dalla vita in società può richiedere dolorose rinunce. La cooperazione di tutti i membri ai fini del benessere comune è rappresentata nel poema attraverso la ricorrente metafora, di derivazione classica, del corpo umano che per funzionare ha bisogno di tutte le sue parti. Nel I canto,

---

[29] Appena una ventina d'anni erano trascorsi dalla stesura del *Della virtù*, quando Lucrezia MARINELLA, gentildonna veneziana, espose le insidie del discorso tassiano nella seconda edizione del suo trattato *La nobiltá, et l'eccellenza delle donne, co' diffetti, et mancamenti degli uomini*, Venezia, Ciotti, 1601. Sull'argomento mi sia consentito di rinviare al mio saggio *Virtù femminile o virtù donnesca? Torquato Tasso, Lucrezia Marinella ed una polemica rinascimentale*, di prossima pubblicazione negli Atti del convegno di Ferrara sul Tasso (10-13 dicembre 1995).

[30] A scanso di equivoci, vale forse la pena di sottolineare come il nome di Diana risuoni una sola volta nella *Liberata*, quando Armida, prossima alla resa, non «s'assicura (e presso l'arco ha l'asta) / ne l'arme di Diana o di Minerva» (XX, 68). L'ultima parte delle avventure della maga svolge il tema dell'inadeguatezza delle «arme di Diana», dapprima usate contro Rinaldo (62-65), in seguito abbandonate come «infelici [...] e vergognose» (123) e infine strumento di un tentativo di suicidio scongiurato dal cavaliere (127-128). Le «arme di Diana», insomma, dapprima strumento di offesa, si rivolgono contro la donna che se ne era appropriata: sono perverse, oltre che inutili. L'immagine della «vergine di Delo» si sovrappone inoltre a quella di Clorinda saettante altissima dalla torre Angolare. Tasso, tuttavia, non collega in maniera esplicita la sconfitta delle donne pagane con quella della dea.

L'esempio di Diana

Pietro l'Eremita evoca l'immagine nel suo appello ai Crociati:

> Deh! fate un corpo sol de' membri amici
> fate un capo che gli altri indrizzi e frene [...]
> (31)[31]

In V, 50 Tancredi esorta Rinaldo a non lasciare l'armata, che senza di lui sarebbe come un corpo privato di un braccio o di una mano. In termini simili l'importanza di Rinaldo viene ribadita nel XIV canto da Ugone, che appare in sogno a Goffredo («[...] tu sei capo, ei mano di questo campo» [13]), mentre in una lettera Tasso ricordava come i cavalieri del suo poema fossero «come membra d'un corpo, del quale è capo Goffredo, Rinaldo destra; sì che in un certo modo si può dire anco unità d'agente, non che d'azione»[32]. Solo quando l'attaccamento alla causa sarà senza riserve, quando ciascuno avrà trovato la sua collocazione in relazione agli altri, quando il corpo civile sarà compatto, Gerusalemme aprirà le sue porte[33]. Nella struttura che si viene così formando anche le donne possono avere la loro parte, a patto che rinuncino alle loro aspirazioni di dominio e si rassegnino ad essere alla società quello che la mano sinistra è al corpo: una parte, come si legge nel *Della virtù*, passiva, «atta alla resistenza, ed

---

[31] Tutti i riferimenti al poema sono tratti da Torquato TASSO, *Gerusalemme liberata*, a cura di Fredi Chiappelli, Milano, Rusconi, 1982.

[32] *Le Lettere*, cit., vol. I, p. 65.

[33] È interessante notare come la concezione antropomorfica della città fosse ben presente allo spirito degli architetti rinascimentali. Così Francesco di Giorgio MARTINI (1439-1501), nei *Trattati di architettura, ingegneria e arte militari*: «Parmi di formare la città, rocca e castello a guisa del corpo umano, e che el capo la rocca sia, le braccia le sue aggiunte e ricinte mura, le quali circulando partitamente leghi el resto di tutto al corpo, amprissima città [...] e pertanto è da considerare che, come el corpo ha tutti i membri l'uno all'altro conferenti e le partizioni con perfetta misura, così nella partizione dè templi, città, rocche e castella osservare si debba [...]» (citato in Paolo MARCONI, *La città come forma simbolica. Studi sulla teoria dell'architettura nel Rinascimento*, Roma, Bulzoni, 1973, p. 69. Alcune osservazioni sulla metafora del corpo si trovano in Francesca SAVOIA, *Notes on the Metaphor of the Body in the «Gerusalemme Liberata»*, in *Western Jerusalem. University of California Studies on Tasso*, a cura di Luisa Del Giudice, New York, Norriston e Milano, Out of London Press, 1984, pp. 57-70) Da segnalare poi un bell'articolo di David QUINT (*L'allegoria politica della «Gerusalemme liberata»*, «Intersezioni» 1, 1990, pp. 35-57), ripubblicato in inglese col titolo *Political Allegory in the «Gerusalemme Liberata»*, in *Epic and the Empire. Politics and Generic from Virgil to Milton*, Princeton, NJ, Princeton UP, 1993, pp. 213-247), sulle implicazioni politiche della metafora.

alla sofferenza»[34]. In quest'accettazione del proprio ruolo sembra risiedere il significato più profondo della metamorfosi delle eroine pagane. Al termine del proprio percorso nel poema, tanto Armida quanto Clorinda non sono semplicemente vinte, ma convertite, convinte della superiorità del trionfante messaggio cristiano. La parabola di Erminia, sebbene meno esplicita nella sua conclusione, mostra una simile progressiva rinuncia alle proprie prerogative che approda ad una passiva accettazione degli eventi.

Insieme con le eroine, è una folla di donne senza nome che viene sconfitta. La ripartizione degli individui dei due sessi negli opposti schieramenti è troppo anomala per essere casuale. Una semplice ricognizione, un rilievo puramente statistico basta a mettere in luce come tra i Cristiani la presenza femminile sia quasi esclusivamente limitata alle due eroine, Gildippe e Sofronia, la cui azione è peraltro circoscritta e funzionale, come si vedrà, alla celebrazione del matrimonio. Gli unici altri accenni a Cristiane sono contenuti rispettivamente in I, 67, quando «gran turba scese de' fedeli al piano / d'ogni età mescolata e d'ogni sesso», e in II, 56, dove si narra che la cacciata degli uomini da Gerusalemme lascia soli in città «il mansueto sesso, e gli anni imbelli»: si tratta, in entrambi i casi, di riferimenti generici e relativi non all'esercito di Goffredo, ma ai Cristiani locali e perseguitati. Al contrario, nel campo pagano la presenza femminile non è limitata alle eroine, ma diffusa, oggetto di annotazioni frequenti[35]: c'è l'ancella che accompagna Erminia nella sua sortita (VI, 90, 91 e 11); le guerriere ispirate dall'esempio di Clorinda (XI, 58); le «care donzelle» che ancora Clorinda raccomanda ad Arsete (XII, 6); le due nuotatrici che tentano di distogliere Carlo e Ubaldo dalla loro missione (XV, 58-66); la moglie di Altamoro che invano prega il marito di non lasciarla per partire in guerra (XVII, 26); le donzelle tra cui siede Armida (XIX, 67), già in precedenza apparsa circondata da donne (XVI, 75) o da «cento donzelle e cento paggi» (XVII, 34); la donna a cui Vafrino si propone come campione; le due maghe che compaiono al fianco di Ismeno in XVIII, 87, immediatamente schiacciate da un sasso. La violenza sulle donne, inoltre, è un elemento su cui insiste il truculento finale (XIX, 30 e 55). Questa massiccia presenza femminile sul fronte pagano è tanto più sorprendente in quanto Tasso, sempre attento ai fondamenti storici della sua creazione, adduce la testimonianza di Guglielmo da Tiro e Procoldo di Rochese per legittimare la presenza di donne tra i Cristiani. Nelle lettere si legge che

---

[34] *Della virtù*, cit., p. 187.
[35] Cfr. Paul LARIVAILLE, *Poesia e ideologia*, Napoli, Liguori, 1987, p. 168.

«molte nobili donne [...], in questo e ne gli altri passaggi, si trovarono negli eserciti cristiani»[36], che «molte donne cristiane passarono in Asia, e si mescolarono nelle battaglie»[37]. Se poi, nel poema, il femminile cristiano si fa così sbiadito, è perché le ragioni narrative hanno prevalso sulla veridicità storica. Nella trama di attrazione esercitata dal mondo pagano, la presenza femminile riveste un ruolo considerevole, scombussolando i ranghi dell'esercito cristiano ed attivando quella forza centrifuga contro cui dovrà battersi Goffredo per riportare «sotto i santi segni [...] i suoi compagni erranti» (I, 1). «Instrumento del diavolo»[38], gli amori che si intrecciano tra le Pagane e i Cristiani mettono in pericolo l'identità dei soldati di Cristo, incapaci di riconoscere nell'amata le fattezze del nemico, dell'odiato altro da sé da dominare e distruggere.

Per gli uomini che compongono l'esercito cristiano, rinunciare al mondo pagano significa rinnegare una parte importante della propria personalità, divenuta incompatibile con il ruolo di soldato di Cristo. Le prove tradizionali dell'epica, di ordine militare, subiscono un serio ridimensionamento nel poema di Tasso: il vero teatro dello scontro è il mondo interiore, il vero pericolo lo smarrimento del proprio fine. Due sono i luoghi deputati della lotta: il giardino di Armida, regno circolare di una natura in perenne incontrollabile rigoglio, teatro di confusione tra i sessi, di assimilazione, di perdita d'identità, e la foresta di Saron, in cui con metamorfosi diabolica quella stessa natura, tradita, si vendica mettendo in scena i fantasmi dell'inconscio individuale. Sconfiggendo la foresta, Rinaldo, e con Rinaldo tutto l'esercito, prende le distanze dal mondo naturale e femminile, ormai definito come estraneo e nemico, e spiana la strada della conquista di Gerusalemme.

4. *Il precedente virgiliano*

In un affascinante saggio, Marylin Arthur esamina la *Teogonia* di Esiodo, in cui la nascita della società viene presentata quale risultato di una vittoria del principio morale maschile su quello generativo femminile. Uno schema affine, sempre secondo Arthur, sottende l'*Orestea* di Eschilo: i personaggi si dispongono su due fronti, a difendere le ragioni del padre o

---

[36] *Le Lettere*, cit., vol. I, p. 145.
[37] *Ivi*, p. 203.
[38] *Ibidem*.

della madre nel processo a Clitennestra, colpevole dell'assassinio del marito Agamennone[39]. Ma l'esempio culturalmente più vicino a Tasso di un simile mito di costituzione della società si riscontra nell'*Eneide*, dove è ben presente l'idea di una resistenza femminile ad un progetto divino che gli uomini si incaricano di realizzare. Creusa, moglie di Enea, scompare durante l'incendio di Troia, non senza predire per l'eroe «res laetae regnumque et regia coniunx» (II, 783)[40]. L'eclissi di Creusa è lo stratagemma narrativo che permette di riconciliare la pietas dell'eroe con il suo amore per Didone prima e il suo matrimonio con Lavinia poi, ma la sua scomparsa rende singolare la famiglia che fugge da Troia in fiamme:

> What he [Aeneas] rescues from the destruction of Troy is the masculine element: the household gods of the patriarchal family and his own father and son, his dynasty represented in patrilinear terms [...] Trouble, on the other hand, tends to wear a female guise[41].

Saranno le donne, infatti, a causare ad Enea i maggiori problemi.

Le Troiane sopravvissute all'incendio si stancano del lungo navigare verso una che terra sembra retrocedere con l'avanzare delle prore («Italiam [...] fugientem» [V, 629]). S. Georgia Nugent sottolinea come la ribellione delle donne sia immediatamente successiva alla descrizione dei giochi funebri in onore di Anchise: mentre i padri si compiacciono alla vista delle prodezze dei figli, garanzia della continuità della stirpe («Gaudentque tuentes / Dardanidae, veterumque agnoscunt ora parentum» [575-576]), le madri, sole sulla spiaggia, guardano il mare, piangono Anchise, anelano al riposo («Urbem orant, taedet pelagi perferre laborem» [617])[42]. Il loro stato d'animo le rende facile preda delle insidie di Iride, che le convince ad incendiare le navi. Domato il fuoco con l'aiuto di Giove, Enea decide di fondare per le donne, i vecchi e i deboli la città di Acesta, e di proseguire il cammino con un gruppo composto solo da uomini forti e devoti alla loro missione.

---

[39] Marylin ARTHUR, *«Liberated Woman»: The Classical Era*, in *Becoming Visible. Women in European History*, a cura di Renate Bridenthal e Claudia Koonz, Boston, Houghton Mifflin, 1977, pp. 60-89.

[40] Tutti i riferimenti all'*Eneide* sono tratti dall'edizione curata da Ettore Paratore, con traduzione di Luca Canali, Milano, Mondadori, 1978.

[41] Lillian S. ROBINSON, *Monstrous Regiment. The Lady Knights in Sixteenth-Century Epic*, New York e Londra, Garland Publishing Inc., 1985, p. 12.

[42] Georgia S. NUGENT, *Vergil's «Voice of the Women» in «Aeneid» V*, «Arethusa», 2, 1992, pp. 255-291.

L'esempio di Diana

Ma l'opposizione femminile non si ferma qui. Giunto in Lazio, Enea deve far fronte all'ostilità di Amata, che rifiuta di concedere la figlia Lavinia allo straniero. In uno sconcertante passo, Amata invita le donne latine ad unirsi a lei nella danza bacchica, in difesa di un non meglio identificato diritto materno:

> [...] «Io matres, audite, ubi quaeque, Latinae:
> si qua piis animis manet infelicis Amatae
> gratia, si iuris materni cura remordet,
> solvite crinalis vittas, capite orgia mecum.»
> (VII, 400-404)

Da un punto di vista strettamente legale, lo *ius maternum* invocato da Amata consiste con tutta probabilità nella consultazione prematrimoniale, in uso presso i Romani, in riferimento alle nozze della figlia[43]. Ma le ragioni addotte dalla regina meritano un esame più attento. Amata sembra preoccupata della possibilità di perdere Lavinia, e preferisce come genero Turno perché crede che questi, al contrario del «predone» Enea, non partirà con la sposa[44]. Così infatti si lamenta con Latino:

> Exulibusne datur ducenda Lavinia Teucris
> o genitor, nec te miseret gnataeque tuique?
> nec matris miseret, quam primo aquilone relinquet
> perfidus alta petens abducta virgine praedo?
> (VII, 359-362)

Pochi versi più in là, Amata chiama Turno «consanguineus» (VII, 366), il che rende tra l'altro meno generico l'appellativo di «mater» che il guerriero a sua volta le rivolge (XII, 74)[45]: i legami di sangue costituiscono, per Amata, una priorità. Latino, al contrario, è talmente affascinato dalla prospettiva di un'illustre progenie da promettere la figlia in sposa ad Enea ancor prima di incontrarlo (VII, 268-273). Lo *ius maternum* cui fa appello

---

[43] V. Antoinette BRAZOUSKI, *Amata and Her Maternal Right*, «Helios» 2, 1991, pp. 129-136.

[44] L'accanimento di Amata è tale da suscitare in alcuni il sospetto che ella, più che preoccupata per Lavinia, sia interessata, in maniera più che materna, a Turno. V. John W. ZARKER, *Amata: Vergil's Other Tragic Queen*, «Vergilius», 15, 1969, pp. 2-24, e Luca CANALI, *L'eros freddo. Studi sull'Eneide*, Roma, Edizioni dell'Ateneo, 1976, pp. 81-84.

[45] Per SERVIO (*Ad Aen.* VI,90) Amata è zia di Turno in quanto sorella della di lui madre Venilia.

Amata può essere messo in relazione col *mutterrecht* teorizzato da Bachofen[46]: secondo questa controversa teoria, le società umane hanno attraversato una fase matriarcale, contrassegnata dal passaggio della linea della discendenza per via femminile. L'importanza della madre nella genealogia ne risulta esaltata. Nell'*Eneide*, la rivendicazione di autorità da parte di Amata, la sua difesa dello *ius maternum*, viene però degradata col presentarla come risultato dell'ispirazione della furia Aletto: il diritto delle madri diventa un oscuro, irrazionale principio che si oppone invano al corso degli eventi. Amata, sconfitta, sceglierà il suicidio, mentre Lavinia, senza venir meno al suo imperscrutabile riserbo[47], diventerà sposa di Enea e progenitrice dei Romani.

Più vicina alla sensibilità di Tasso di quanto non lo fossero i precedenti greci, l'*Eneide* forniva dunque l'esempio di una lotta per la costituzione di una società provvidenziale, cui invano si oppone un principio femminile, oscuramente malefico.

5. La vis *abdita*

La *Liberata* è un'epopea chiusa: l'esordio e l'epilogo, entrambi sotto il segno del sepolcro, si corrispondono ed incorniciano uno sviluppo il cui esito è noto fin dalla prima ottava («Canto l'arme pietose e 'l capitano / che 'l gran sepolcro liberò di Cristo»). Questo è un aspetto che differenzia il poema non solo dall'*Innamorato*, poema incompiuto e quindi aperto per eccellenza, ma anche dal *Furioso*, che si conclude con un episodio non risolutivo quale l'uccisione di Rodomonte, sostituibile in linea di principio con un'altra impresa. Il lettore della *Liberata* conosce dall'inizio tema e conclusione, ed è pronto a mettere quanto accadrà sotto il segno della digressione, che allontana e rimanda l'esito. Senonché, anche agli occhi dei primi lettori, il fascino del poema sembrò risiedere non tanto nello svolgimento lineare che conduce alla conclusione, quanto nelle deviazioni che l'autore si affannava a giustificare come concessioni al gusto del tempo. I Pagani non sono messi in luce solo tanto quanto basta a far risaltare il va-

---

[46] Cfr. *Myth, Religion and Mother Right. Selected Writings of J.J. Bachofen*, trad. ing. di Ralph Manheim, Princeton, Princeton UP, 1967.
[47] «Lavinia [...] è sempre il misterioso, impassibile oggetto di una trattativa condotta al di sopra di ogni suo eventuale impegno sentimentale» (Ettore PARATORE, *op. cit.*, p. 732). Cfr Lillian S. ROBINSON, *Lavinia: the Consolation Prize*, in *The Monstrous Regiment*, *op. cit.*, pp. 53-58.

lore dei Cristiani, ma assurgono al ruolo di veri protagonisti; i crociati vivono le loro avventure più esaltanti proprio quando lasciano i sentieri dell'ortodossia per avvicinarsi ai valori dei nemici: valga per tutti l'esempio di Goffredo, piuttosto maltrattato dalla critica (a parte qualche recente tentativo di recupero) per un'adesione senza tentennamenti all'ideale che lo rende privo di sfumature. I pittori che tradussero in immagini gli episodi del poema operarono una scelta istintiva, optando per i temi lirici ed erotici a scapito di quelli epici e religiosi[48]. Il tentativo di correzione da parte dell'autore nella *Conquistata*, ignorato da un criterio filologico eterodosso, non ha fatto che rinsaldare il fascino di un'opera riuscita quasi per sbaglio: i posteri hanno visto proiettate sulla *Liberata* le ombre di un'epoca al tramonto, che nel poema trovava al tempo stesso una delle sue più alte celebrazioni e la sua condanna a morte.

Come in Dante, così in Tasso De Sanctis riscontrava la distanza tra «mondo intenzionale» e «mondo effettivo», quasi un corollario della lotta interiore di un autore in cui «pugnavano [...] due uomini, il pagano e il cattolico, l'Ariosto e il concilio di Trento»[49]. Il risultato è una scissione, un poema che è il contrario di quello che avrebbe dovuto essere: Tasso «cerca l'epico, e trova il lirico, cerca il vero o il reale, e genera il fantastico, cerca la storia, e s'incontra con la sua anima»[50]. Nel coniare la fortunata formula del «bifrontismo spirituale» tassiano, Caretti cercava invece di riscattare il poema da dicotomie troppo rigide, sottolineando nella *Gerusalemme* l'unità e la novità di una struttura

> fondata non sopra un'unica e fortissima sollecitazione, ma sopra un ritmo alterno di spinte e controspinte che ora impongono alla poesia tassiana sviluppi ascendenti, a spirale [...], ed ora sviluppi diversivi, più distesamente autonomi, ma mai del tutto eccentrici rispetto all'azione centrale. Il risultato è una originale compenetrazione di piani diversi, in cui i momenti eroici (storici e morali) e quelli lirici (sentimentali e autobiografici) strettamente si intrecciano e reciprocamente si trasfondono attraverso suggestive increspature e secondo impulsi subitanei ed eccitati, in un continuo e spesso repentino mutare di luci e di ombre, di opposte prospettive, entro una dimensione narrativa a costante doppio registro [...][51].

---

[48] Rensselaer W. LEE, *Ut pictura poesis. The Humanistic Theory of Painting*, W.W. Norton & Company Inc., 1967, p. 48.

[49] Francesco DE SANCTIS, *Storia della letteratura italiana*, a cura di Francesco Contini, Torino, UTET, 1968, p. 595.

[50] *Ivi*, p. 600.

[51] Lanfranco CARETTI, *Ariosto e Tasso*, Torino, Einaudi, 19773, p. 105.

Lucido interprete delle tensioni del poema, Fredi Chiappelli individua nella narrazione una *vis abdita*, che lo porta a considerare quale «impalcatura di esplorazione una terminologia operativa basata sull'identificare la polarizzazione fra un racconto «di superficie», assunto, ed un racconto «proprio», inscritto»[52]. Il critico identifica due piani, quello del recitato (costituito dalla materia prescelta, occasionale, di composizione) e quello del narrato, ispirato dalla materia essenziale dell'ispirazione, che per Chiappelli consiste in una psicomachia, in una lotta individuale contro le passioni, nella tradizione di Agostino e Prudenzio. Il problema è, ancora una volta, quello di non risolvere la tensione nel predominio di un registro sull'altro, ma piuttosto di analizzare il campo comune delineato dalle loro interferenze:

> L'immersione convinta del Tasso nel tema assunto è fuor di dubbio; tuttavia si può affermare che la *vis abdita* predomina sulla recitazione e condiziona persino il tracciato degli eventi concreti[53].

Chiappelli porta tre esempi in cui «il tracciato degli eventi concreti» è stravolto dall'irruzione del narrato: in V, 51 Rinaldo, dopo l'uccisione di Gernando, lascia l'accampamento cristiano con due scudieri, di nuovo menzionati in XIV, 58 ma poi semplicemente scomparsi dal testo, per quanto importante il loro ruolo avrebbe potuto essere nell'avvisare i Crociati dei piani di Armida e nell'evitare così la ribellione di Argillano (VIII, 57-85); nel XVI canto, Armida si rende conto della fuga di Rinaldo dal giardino quando vede «giacere il fier custode estinto» (35), sebbene di questo custode fino a quel momento non sia stata fatta menzione[54]; in XVIII, 2, Goffredo invita Rinaldo, reduce dal giardino, a vincere i mostri della selva, malgrado non sia affatto chiaro che Rinaldo sappia qualcosa dei problemi avuti dai Cristiani con la foresta incantata. A questo elenco posso aggiungere da parte mia due episodi non presi in considerazione dal critico, quello del furto dell'immagine nel canto II e della vestizione di Clorinda nel XII, che verranno analizzati a tempo debito. Queste incon-

---

[52] Fredi CHIAPPELLI, *Il conoscitore del caos. Una «vis abdita» nel linguaggio tassesco*, Roma, Bulzoni, 1981, p. 15.
[53] *Ivi*, pp. 20-21.
[54] Paul Larivaille mi segnala però che nelle «Ottave estravaganti» si parla effettivamente di un «mostro custode» ucciso da Carlo e Ubaldo all'entrata del giardino. L'errore si è dunque verificato dunque in fase di revisione, non di composizione, il che attenua, ma a mio parere non annulla, la pertinenza dell'osservazione di Chiappelli.

L'esempio di Diana

gruenze costituiscono dei veri e propri sintomi delle tensioni soggiacenti al racconto. Malgrado Chiappelli rifugga da ogni riferimento psicanalitico, le analogie tra la sua definizione della *vis abdita* e quella freudiana dell'atto mancato sono evidenti: le smagliature della trama sono attribuite ad una manifestazione incontrollata dell'altro testo, che emerge attraverso le falle del racconto ufficiale. L'errore sarebbe dunque il risultato dell'interferenza tra il discorso assunto ufficialmente ed un'intenzione che, rifiutata a livello cosciente, riemerge con effetti perturbatori.

Al di là di queste collisioni particolari, forzatamente episodiche, la proposta di Chiappelli permette l'individuazione di quei percorsi sotterranei in cui risiede il fascino più forte e duraturo del poema. L'ipotesi di rintracciare nella *Liberata* gli elementi di una dialettica tra i sessi si inscrive nell'ambito del riconoscimento di trame parallele alla principale, che stabiliscono nel gioco con quella aree di coincidenza e di opposizione. Un'analisi di questo tipo non mira ad una conclusione, quella della sconfitta dell'universo femminile da parte di quello maschile, tanto più scontata in quanto anch'essa inscritta nel poema fin dalla prima ottava. Una volta ammessa la presenza massiccia delle donne nel campo nemico, infatti, esse entrano a far parte dell'«inferno» che si oppone invano all'impresa cristiana e che deve essere piegato. Ma, così come il mondo femminile e pagano finisce per rappresentare, per gli stessi crociati, una possibilità alternativa all'egemonia maschile e cristiana, così la sua sconfitta sancisce un rifiuto dell'alterità che carica di funesti presagi il trionfo di Goffredo. La conclusione, insomma, non è pacificatrice: la trama sotterranea del poema disegna un'altra storia che proprio nel finale si afferma con più decisione. L'uomo nuovo che emerge vincitore dalla lotta contro la foresta è un individuo mutilato, inserito in un ordine che lo trascende e incapace di una relazione positiva con una natura che percepisce ormai solo come una potenza malefica da dominare; la città ideale è il risultato di un progetto di dominio sulla natura e sulle donne, costrette ad accettare, pur di esservi ammesse, un ruolo subordinato.

La *Liberata* rappresenta pertanto una nuova e complessa interpretazione del tema di Diana: esplicito nella figura di Clorinda – la più struggente e drammatica seguace di Diana della letteratura italiana –, il tema sottende tutto il poema in quanto espressione dello scontro tra due mondi, tra due opposte concezioni dell'individuo e della storia. All'analisi delle manifestazioni e riprese del tema nel contesto dei singoli episodi, alle sue implicazioni nel destino di ognuno dei protagonisti, le pagine che seguono sono dedicate.

II.
Clorinda

1. Vita, imprese e morte delle guerriere

Nell'XI libro dell'*Eneide* viene narrata la storia della condottiera delle schiere dei Volsci, Camilla. Il padre Metabo l'aveva consacrata a Diana quando, scacciato dal suo regno, si era visto costretto a lanciarla, legata ad una lancia, da una sponda all'altra del fiume Amaseno. Camilla è cresciuta bevendo il latte di una cavalla selvaggia, allenandosi al lancio del dardo e delle freccie, vestendo una pelle di tigre come mantello. Scesa in battaglia contro i Troiani, la guerriera semina morte, prima di essere irresistibilmente attratta dagli ornamenti di Cloreo. Questo cedimento al «femmineo amore della preda e delle spoglie» («femineo praedae et spoliorum [...] amore» [XI, 782]) le costerà la vita: la lancia scagliata da Arrunte beve profondamente il virgineo sangue («hasta [...] haesit virgineumque alte bibit acta cruorem», [803-804]). L'amica Acca raccoglie le sue ultime parole, ancora intrise di spirito bellico: è un messaggio per Turno, l'estremo invito alla battaglia. Così isolata nella sua furia militare, coerente fino all'ultimo respiro nella sua devozione alla guerra e al suo esercito, scompare dalla scena del poema Camilla, esemplare *virgo bellatrix*.

Nel caratterizzare Clorinda, Tasso attinse a piene mani dal precedente virgiliano[1]. L'episodio dell'attraversamento del fiume, la descrizione di

---

[1] Dalle *Etiopiche* di Eliodoro, spesso citate come fonte per la creazione di Clorinda, Tasso riprese lo stratagemma narrativo della nascita di una bambina bianca da genitori neri, con i relativi corollari di gelosia maritale, fughe, scoperta della verità ecc. La caratterizzazione di Clorinda, però, rimane solidamente virgiliana. La Cariclea di Eliodoro, infatti, è fin dall'inizio del romanzo innamorata e protesa verso il matrimonio con Teagene:

un'infanzia e adolescenza insofferenti e avventurose, il desiderio di una grande impresa che riuscirà fatale, vengono puntualmente ripresi nella *Liberata*. Ciò malgrado, la guerriera tassesca risulta una creazione completamente nuova, che risente delle complicazioni e rielaborazioni che il personaggio della donna guerriero era andato subendo attraverso i secoli. Tra Camilla e Clorinda, infatti, si situa uno stuolo di guerriere nella cui caratterizzazione si incrinano la solitudine e la fissità dell'eroina virgiliana: l'inserimento della *virgo militans* nel mondo e la sua interazione con gli altri personaggi mettono in luce le contraddizioni di questa figura. La grande diffusione del modello rende impossibile una trattazione delle sue fortune in questa sede[2], in cui ci si limiterà ad alcune osservazioni generali e ad un'analisi del personaggio di Bradamante, precedente immediato per Clorinda.

La complicazione principale inerente alle donne in guerra è rappresentata dal fatto che la loro sfera d'azione è costituita dagli uomini e per gli uomini, come già implicito nel chiasmo d'apertura del *Furioso*. Scrive Megan McLaughlin:

[...] in virtually all periods of human history, warfare was seen as a masculine activity. Indeed it was generally viewed as the quintessential masculine activity, through which «manhood» was demonstrated. Descriptions of warfare in medieval texts were peppered with references to gender, references which equated fighting ability with virility. Throughout the Middle Ages the man who failed in warfare was considered almost by definition «effeminate» and became subject to ridicule[3].

Le professioniste della guerra si situano allora al crocevia di due categorie ben diverse, e la mancata corrispondenza tra identità sociale e identità sessuale rende possibili situazioni di equivoco, come nell'episodio

---

il suo passato di seguace di Artemide viene solo descritto dal padre in II, 33.

[2] Per una rassegna delle donne armate della letteratura italiana si veda Margaret TOMALIN, *The Fortunes of the Warrior Heroine in Italian Literature*, Ravenna, Longo, 1982. Più circoscritta l'analisi di Phillip Elliott PAROTTI, *The Female Warrior in the Renaissance Epic*, University Microfilms, Ann Arbor, Michigan, 1973. Di limitata utilità Jessica Amanda SALMONSON, *The Encyclopedia of the Amazons*, New York, Paragon House, 1991.

[3] Megan MCLAUGHLIN, *The Woman Warrior: Gender, Warfare and Society in Medieval Europe*, «Women's Studies», 3-4, 1990, p. 194. Per l'amore come attività bellica, dalla petrarchesca guerra d'amore a metafore ben più ammiccanti, cfr. Enrico MUSACCHIO, *La metafora del cavaliere amante. I due nuclei narrativi dell'«Orlando Furioso»*, in *Amore, ragione e follia*, Roma, Bulzoni, 1983, pp. 9-16.

Clorinda

conclusivo dell'*Orlando Innamorato*, dove Fiordespina, alla vista di Bradamante sdraiata senza elmo a riposare, se ne innamora credendola un uomo. L'eremita che ha curato la guerriera le ha tagliato infatti le chiome «in guisa di garzone». Boiardo usa questo espediente narrativo per smussare una palese incongruenza: poco prima, infatti, Ruggiero aveva riconosciuto Bradamante come donna proprio quando questa si era tolta l'elmo. Ariosto, che completa l'episodio riportandolo ad una sorridente ortodossia (con Ricciardetto che nel XXV canto del *Furioso* si sostituisce alla gemella Bradamante), mette in scena altre situazioni volte a mettere in luce la problematicità della donna guerriero. L'esempio più ammiccante è quello di Marfisa nell'isola delle donne omicide: sospinti dai venti, la guerriera e i suoi compagni approdano ad una riva, che, come riferisce il capitano della nave,

> tutta tenean le femine omicide,
> di quai l'antique legge ognun ch'arriva
> in perpetuo tien servo, o che l'uccide;
> e questa sorte solamente schiva
> chi nel campo dieci uomini conquide,
> e poi la notte può assaggiar nel letto
> diece donzelle con carnal diletto.
> (XIX, 57)[4]

Si rende qui esplicita quella relazione fra eccellenza bellica e prestanza erotica che sottende implicita la concezione epica. Nel prosieguo dell'episodio si verrà a sapere che la crudele legge scaturisce da un desiderio di vendetta contro gli uomini che, dopo aver condotto sull'isola le donne cretesi, le avevano abbandonate perché, bramosi «di guadagno e di rapine», avevano deciso di riprendere il mare. È questo, nelle sue varianti più o meno avventurose e truculente, un mito ricorrente nella fondazione delle società femminili, nate per vendicare i torti ricevuti nei gruppi dominati dagli uomini. Quello che è singolare è proprio la posizione di Marfisa, eletta dalla sorte a tentare l'impresa «ben che mal atta a la seconda danza» (69). La sua tracotanza guerriera («ma dove non l'aitasse la natura, / con la spada supplir stava sicura» [69]) mal maschera l'inadeguatezza al compito assegnatole. La puntuale analisi delle fonti di Rajna riscontra nu-

---

[4] Tutti i riferimenti all'*Orlando Furioso* sono tratti dall'edizione curata da Santorre Debenedetti e Cesare Segre (Bologna, Commissione per i testi di lingua, 1960), che riporta le varianti delle edizioni del 1516 e del 1521.

merosi precedenti relativi al regno amazzone, ma uno solo, e per la verità non molto convincente[5], riguardo a questa seconda prova, che sembra inventata solo per far risaltare la «mancanza» di Marfisa rispetto al suo ruolo (e casomai, per contrasto, la virilità di Guidon Selvaggio, divenuto campione delle donne dopo il successo riportato in entrambe le imprese). Nell'economia della narrazione, infatti, il particolare è pressoché inutile: alla seconda prova non si arriverà mai, perché Marfisa e Guidone si accordano per una sospensione del combattimento al calar delle tenebre. La pausa permette al cavaliere di raccontare la sua storia e di spiegare le crudeli leggi del regno. Nella lotta tra i sessi che si delinea Marfisa si schiera senza indugio, per lealtà verso i compagni[6], dalla parte degli uomini, dimostrando anzi dei propositi particolarmente sanguinari nei confronti delle donne ribelli («tutte le voglio uccidere in un giorno» [73]). Il corno di Astolfo permette in seguito al gruppo di vincere la battaglia e riconquistare il mare.

Marfisa, pur minacciata da paradossi e ambiguità, riesce a preservare la propria identità cavalleresca attraverso tutto il poema. Diverso è il caso di Bradamante: la sua importanza quale progenitrice degli Estensi ispira un processo di educazione che trasforma l'indomita guerriera dell'*Innamorato* in un'aspirante moglie e madre, saggia ed accorta, rispettosa delle autorità familiari. La guerriera biancovestita che abbatte Sacripante all'inizio del *Furioso* per scomparire nel bosco alla ricerca di Ruggiero è un personaggio in cerca di un'identità che troverà solo alla fine di un lungo e non sempre lineare cammino, le cui tappe segnano il progressivo abbandono delle prerogative cavalleresche[7]. Rajna deplorava questa metamorfosi, che considerava un infelice «abbassamento di tono»[8] rispetto al precedente boiardesco. Casta e saggia, Bradamante si dichiara disposta a cedere a Ruggiero solo a condizione che egli rinneghi la sua fede (XXII, 34). Di lì a poco, trattenuta a Montalbano dalle autorità familiari, si dedicherà all'arte tutta femminile del ricamo, in attesa del suo eroe. «Che ma-

---

[5] Pio RAJNA, *Le fonti dell'Orlando Furioso*, a cura e con presentazione di Francesco Mazzoni, Firenze, Sansoni, 1975, p. 302.
[6] «S'io ci fossi per donna conosciuta, / so ch'avrei da le donne onore e pregio; / e volentieri io ci sarei tenuta, / e tra le prime forse del collegio: / ma con costoro essendoci venuta, / non ci vo' d'essi aver più privilegio. / Troppo error fôra ch'io mi stessi o andassi / libera, e gli altri in servitú lasciassi» (XX, 78).
[7] Cfr. Valeria FINUCCI, *Un-dressing the Warrior / Re-dressing the Woman: The Education of Bradamante*, in *The Lady Vanishes. Subjectivity and Representation in Castiglione and Ariosto*, Stanford, Stanford UP, 1992, pp. 229-253.
[8] Pio RAJNA, *op. cit.*, p. 54.

raviglia, se fragili e infermi / feminil sensi fur subito oppressi?» (XXXII, 23) è una delle sue sorprendenti interrogative retoriche. La prospettiva nuziale sembra averle fatto dimenticare ogni velleità cavalleresca. Si consideri per contrasto come il sentimento non abbia affatto intaccato le prerogative e i comportamenti di Ruggiero, bramoso prima di Angelica, poi di Alcina, e sempre di novità.

L'enfasi sull'educazione di Bradamante ispira alcuni passi cruciali che compaiono solo nell'edizione del 1532: è significativo che Ariosto, rielaborando il suo poema, abbia voluto sempre meglio evidenziare in Bradamante la crisi e la sua risoluzione.

Il più rilevante di questi episodi è quello che vede la guerriera pernottare alla rocca di Tristano. L'ospitalità del luogo è regolata da una legge singolare: un cavaliere può infatti albergare nella rocca solo se riesce a sconfiggere quello che vi risiede; una donna, solo se più bella di quella già nella rocca. L'uomo, insomma, vince grazie alle sue azioni, la donna solo grazie allo sguardo e al giudizio altrui. Bradamante supera nelle armi tre cavalieri, vincendo quindi il diritto di pernottare nel castello, ma al levarsi dell'elmo si rivela donna, e più bella di Ullania, la messaggera della regina d'Islanda già nella rocca, che dovrebbe quindi trascorrere la notte all'aperto. Anche in questo caso, il raffronto con i precedenti della tradizione[9] mostra come l'innovazione più rilevante introdotta da Ariosto risieda nella coesistenza, in uno stesso individuo, della donna e del cavaliere. In un mondo che prescrive criteri e regole diverse a seconda dell'appartenenza all'uno o all'altro sesso, Bradamante, che finora ha seguito un suo indipendente cammino, si trova al crocevia tra l'identità sessuale e quella sociale, spinta verso una definizione. La pietà verso Ullania ispira alla guerriera un complicato e ingegnoso discorso in cui insiste sul suo diritto ad essere giudicata in base alle sue prodezze cavalleresche, non in base all'altrui opinione sulla sua bellezza:

> Io ch'a difender questa causa toglio,
> dico: o più bella o men ch'io sia di lei,
> non venni come donna qui, né voglio
> che sian di donna ora i progressi miei.
> Ma chi dirà, se tutta non mi spoglio,
> s'io sono o s'io non son quel ch'è costei?
> E quel che non si sa non si de' dire,
> e tanto men, quando altri n'ha a patire.

---

[9] *Ivi*, pp. 486 e ss.

> Ben son degli altri ancor, c'hanno le chiome
> lunghe, com'io, né donne son per questo.
> Se come cavallier la stanza, o come
> donna acquistata m'abbia, è manifesto:
> perché dunque volete darmi nome
> di donna, se di maschio è ogni mio gesto?
> La legge vostra vuol che ne sian spinte
> donne da donne, e non da guerrier vinte.
> (XXXII, 102-103)

Bradamante reclama il diritto di decidere di volta in volta quale atteggiamento scegliere nel guardaroba della sua identità[10]. È venuta alla rocca come guerriero, non come donzella: dunque si applichino a lei i criteri e i metri di giudizio stabiliti per l'uomo, non per la donna. Su questa linea di pensiero si innesta poi il tema che potremmo definire del predominio dell'apparenza sulla sostanza, se già una tale formulazione non rischiasse di sovrapporre una problematica tutta moderna ad un mondo che aveva di quelle due dimensioni una percezione ben diversa. L'essenza, ammesso che esista, è inconoscibile. Poiché la prova della verità, la svestizione di Bradamante, è improponibile, la sostanza *consiste* nell'apparenza: «sembro dunque sono» (o forse, ancora meglio: «sono quello che faccio»), sostiene Bradamante, ed i presenti son costretti a darle ragione.

Ci si può sorprendere dell'inserzione dell'episodio della rocca di Tristano in una fase così avanzata del cammino di Bradamante, o per meglio dire: ci si può sorprendere che in una fase così avanzata del suo cammino Bradamante abbia ancora tanta libertà di scelta, tanto controllo su quale delle sue identità voglia privilegiare. La sosta nel castello sembra fornire alla guerriera un'ennesima occasione di mostrare la sua eccellenza cavalleresca, tanto in senso militare (la vittoria contro i tre cavalieri) quanto in senso morale (la difesa delle donne, in questo caso di Ullania). Il fatto che Bradamante appaia ancora «in sella» in questa circostanza non fa che sottolineare il carattere di libera scelta della sua decisione di deporre, in chiusura di poema, i panni del guerriero, per indossare quelli di moglie. La parentesi cavalleresca termina, e sembra non essere più di un curioso preludio ad una esistenza da vivere secondo canoni tradizionali[11].

Negli ultimi canti del poema, Bradamante appare infatti priva di ogni potere decisionale, in balia delle autorità patriarcali. Il fratello Rinaldo,

---

[10] Cfr. Valeria FINUCCI, *op. cit.*, p. 247.
[11] Si veda a questo proposito la lucida analisi di Pamela Joseph BENSON, *op. cit.*.

Clorinda 39

col benestare di Orlando, l'ha promessa in sposa a Ruggiero, mentre il padre Amone ha contratto con l'imperatore greco Costantino un patto matrimoniale che prevede le nozze con Leone, figlio di Costantino. La prima di queste prospettive è ovviamente gradita alla guerriera, che però si guarda bene di affermare i suoi desideri o di esprimere una preferenza. L'unica sua richiesta è di non venir data in sposa ad un uomo incapace di sconfiggerla in combattimento (LXIV, 70). L'abilità marziale di Bradamante fornisce la garanzia che il progenitore degli Estensi dovrà essere a sua volta un provetto guerriero, per riuscire a sconfiggerla. Al tempo stesso, la sconfitta di Bradamante deve cancellare ogni dubbio residuo sulla gerarchia dei sessi nel matrimonio[12]. Una parente stretta di Bradamante, protagonista del cantare *Bradiamonte, sorella di Rinaldo*, già «mai nel mondo non volse marito / se non chi l'abbatteva sopra il sito»[13], ma la giustificazione più stringente della necessità della prova si trova nell'*Aspramonte*, ed è così formulata da Galiziella:

«Se Beltramo m'adimanda e vuole per sua donna, pigli le sue arme, e io ancora mi armerò, e a cavallo facciamo in sulla piazza colpo di lancia; e s'egli m'abatte io sono contenta d'essere sua moglie; ma se io abatto lui io non lo voglio, imperò che io non voglio marito che non mi possa gastigare: e voi sapete che non sarebbe ragione. Ma Riccieri che m'à abattuto, se egli mi vuole, io sono contenta, imperò che egli mi potrà gastigare»[14].

La trama presenta nel *Furioso* un'ulteriore complicazione, perché Ruggiero è costretto a combattere contro Bradamante con l'armatura di

---

[12] La stessa Bradamante si era resa protagonista di un duello dalle esplicite valenze erotiche nel canto XXXV. In quella circostanza, Rodomonte, come pegno di una sua eventuale vittoria, aveva chiesto: «basti / che ti disponga amarmi, ove m'odiasti. / Io son di tal valor, son di tal nerbo, / ch'aver non déi d'andar di sotto a sdegno» (47) Vincitrice, Bradamante non mancava di far notare al suo avversario «chi abbia perduto, / e a chi di noi tocchi di star di sotto» (50).
[13] *Bradiamonte, sorella di Rinaldo*, 5, in *Cantàri cavallereschi dei secoli XV e XVI*, raccolti e pubblicati da Giorgio Barini, Bologna, Romagnoli Dall'Acqua, 1905. Per altri esempi v. Pio RAJNA, *op. cit.*, pp. 50-51 e 593-596.
[14] Andrea DA BARBERINO, *L'Aspramonte*, a cura di Marco Boni, Bologna, Antiquaria Palmaverde, 1951, pp. 31-32. Secoli dopo, Heinrich von Kleist in *Pentesilea* rielaborerà e porterà alle estreme conseguenze la prova, mettendo allo scoperto le dinamiche di odio e amore, possesso e passione che la ispirano. Le amazzoni di Kleist scelgono come amanti solo gli uomini da loro sconfitti in battaglia: la rabbia del riconoscersi vinta, la paura di restare prigioniera della trappola d'amore, condurranno Pentesilea a sbranare l'amato Achille.

Leone: la guerriera, che lo crede Leone, lotta con furia omicida, mentre il cavaliere, timoroso di ferire la donna amata, si limita a difendersi, e lo fa con tanta destrezza da venire alla fine dichiarato vincitore della sfida e degno di essere consorte di Bradamante (LXV, 81-82)[15]. Non serve qui ripercorrere nei particolari il colpo di scena finale, la rivelazione della vera identità del futuro sposo di Bradamante: basti osservare come Ruggiero, alla fine del suo percorso, appaia nel pieno della sua prestanza militare, fatta coincidere ancora una volta con quella erotica nella metafora oscena di XLVI, 100 («Più degli altri valor mostra Ruggiero, / che vince sempre e giostra il dì e la notte; / e così in danza, in lotta et in ogni opra / sempre con molto onor resta di sopra»). Per quanto riguarda Bradamante, ella si accontenta di farsi da parte e fungere da ispirazione per il suo quasi-marito (XLVI, 125) nello scontro conclusivo tra questi e Rodomonte.

Rielaborando la figura della donna guerriero giunta fino a lui, Ariosto la rende dunque protagonista della sua trama encomiastica, facendole però perdere nel processo quelle qualità di indipendenza e insofferenza alle costrizioni che avevano caratterizzato il personaggio. Il lieto fine matrimoniale smussa i contrasti, risolve le tensioni, recupera Bradamante in una vertiginosa prospettiva storica: quella prospettiva che, fatta intravedere da Melissa nel canto III (e completata, per la parte femminile, nel XIII), ha ispirato gli sforzi e la conversione della guerriera.

---

[15] Una vena drammatica percorre il duello tra Ruggiero e Bradamante, amanti nemici. Il narratore cosí si inserisce a commentare la furia di Bradamante: «O misera donzella, se costui / tu conoscessi, a cui dar morte brami, / se lo sapessi esser Ruggier, da cui / de la tua vita pendono li stami; / so ben ch'ucciderti te, prima che lui, / vorresti; che di te o che più l'ami: / e quando lui Ruggiero esser saprai, / di questi colpi ancor, so, ti dorrai» (XLV, 80). Ariosto risolve pacificamente la stessa situazione che ispirerà a Tasso la tragica conclusione del duello di Tancredi e Clorinda. Si paragoni l'arguzia bonaria del narratore ariostesco all'intervento drammatico e patetico di quello della *Liberata*, che si inserisce a commentare la gioia feroce di Tancredi: «Oh nostra folle / mente ch'ogn'aura di fortuna estolle! / Misero, di che godi? oh quanto mesti / fiano i trionfi ed infelice il vanto! / Gli occhi tuoi pagheran (se in vita resti) / di quel sangue una ogni stilla un mar di pianto» (XII, 59).

Clorinda

2. Clorinda e la paura della donna

> BRITOMARTI: La nostra vita è foglia e tronco, polla d'acqua, schiuma d'onda. Noi giochiamo a sfiorare le cose, non fuggiamo. Mutiamo. Questo è il nostro desiderio e destino. Nostro solo terrore è che un uomo ci possegga, ci fermi. Allora sì che sarebbe la fine.
>
> (Cesare Pavese, *Dialoghi con Leucò*)

Davvero «di lontan», dunque, arriva Clorinda, quando nel II canto della *Liberata*, giunta a Gerusalemme dopo un lungo viaggio, si arresta a considerare il triste fato di Olindo e Sofronia: viene da una tradizione affascinata e spaventata da quello che una donna in armi rappresenta, da una tradizione dalle ambigue concessioni, che si diletta a suscitare enormi questioni solo per risolverle in maniera convenzionale e aproblematica. Quando Clorinda entra in scena, il lettore già conosce ciò che la guerriera rappresenta agli occhi di Tancredi: una «bella sembianza» che l'ha «vinto», un'«imagine [...] bella e guerriera» che, intravista un attimo, è rimasta impressa in lui, stregandolo. Più complessa, la presentazione del II canto non contiene elementi generici, ma un'attenta combinazione di fattori anticipatori e/o rivelatori:

> [...] ecco un guerriero
> (ché tal parea) d'alta sembianza e degna:
> e mostra, d'arme e d'abito straniero,
> che di lontan peregrinando vegna.
> La tigre, che su l'elmo ha per cimiero,
> tutti gli occhi a sé trae, famosa insegna,
> insegna usata da Clorinda in guerra;
> onde la credon lei, né 'l creder erra.
> (II,38)

L'«arme e l'abito straniero» indicano subito la fondamentale estraneità di Clorinda al mondo che la circonda e al quale subito dichiarerà di appartenere; la tigre sul cimiero indica sì la sua ferocia ma allude anche alla belva che ha allattato la piccola Clorinda, ad un episodio, cioè, che verrà reso noto solo più tardi, e legato anch'esso alla non appartenenza della guerriera al mondo pagano; l'inciso che corregge la presentazione del «guerriero» («ché tal parea») mette risolutamente l'accento sulla natura problematica del personaggio, peraltro risolta, nel verso finale, dalla completa coincidenza fra l'apparenza e la sostanza: «la credon lei, né 'l creder erra». L'«alta sembianza e degna», ribadita, poche ottave più in là, dall'accenno alla «grande sua regal sembianza», incute rispetto, e costituirà uno dei tratti distintivi di Clorinda.

L'impossibilità di un lieto fine (almeno terreno) dell'amore di Tancredi è legata alla caratterizzazione di Clorinda, in cui viene oggettivizzata la paura della donna[16], l'oscura minaccia rappresentata dall'incontrollabile sesso femminile. Di fronte a Clorinda, il lettore si trova nella stessa posizione di Tancredi, ammutolito, schiacciato al suolo e costretto a guardare dal basso in su. L'«alta sembianza e degna» (II, 38) è la prima cosa che si percepisce di Clorinda, «quella grande sua regal sembianza» (II, 45) che spinge tutti all'obbedienza; agli occhi di Tancredi che muove ad incontrare l'assalto di Argante si offre l'«alta guerriera», che «sovra un'erta, / tutta, quanto ella è grande, era scoperta» (VI, 26); nella difesa di Gerusalemme, la preminenza assoluta viene conferita col porre Clorinda alla coincidenza del termine metrico (la fine del verso) con quello semantico (l'altezza più elevata), come punto finale di una quadripartita gradazione verso l'alto (il piano, il Soldano, Argante, Clorinda):

> E di macchine e d'arme han pieno inante
> tutto quel muro a cui soggiace il piano,
> e quinci in forma d'orrido gigante
> da la cintola in su sorge il Soldano,
> quindi tra' merli il minaccioso Argante
> torreggia, e discoperto è di lontano,
> e in su la torre altissima Angolare
> sovra tutti Clorinda eccelsa appare.
> (XI, 27)

Oltre a ciò, la guerriera si distingue per una maniera particolarmente violenta di colpire e, soprattutto, di mutilare. Le sue imprese vengono descritte in uno dei passi più truculenti del poema: nelle ottave 68-70 del IX canto Clorinda passa da parte a parte Berlinghiero (la spada «sanguinosa uscì fuor de le terga»), ferisce Albino all'ombelico («là ve' primier s'apprende / nostro alimento») e Gallo in viso. Preparate da questo crescendo

---

[16] Alludo al titolo (*The Fear of Women*, appunto) di un libro di Wolfang Lederer (New York, Harcourt Brace Jovanovich, Inc., 1968).

Clorinda arrivano le due mutilazioni:

> La destra di Gerniero, onde ferita
> ella fu già, manda recisa al piano:
> tratta anco il ferro, e con tremanti dita
> semiviva nel suol guizza la mano.
> Coda di serpe è tal, ch'indi partita
> cerca d'unirsi al suo principio invano.
> Così mal concio la guerriera il lassa,
> poi si volge ad Achille e 'l ferro abbassa,
>
> e tra 'l collo e la nuca il colpo assesta;
> e tronchi i nervi e 'l gorgozzuol reciso,
> gio rotando a cader prima la testa,
> prima bruttò di polve immonda il viso,
> che giù cadesse il tronco; il tronco resta
> (miserabile mostro) in sella assiso [...]
> (IX, 69-70)

In queste ottave Clorinda si presenta come un essere del tutto mostruoso, l'incarnazione della paura verso una donna che usurpa prerogative maschili e si trasforma in implacabile castratrice. Nel canto XI Clorinda scaglia sette frecce, cogliendo ogni volta il bersaglio. Anche in questo caso, il narratore indugia sulla precisione crudele dei suoi colpi: Ademaro è colpito in fronte, ed una seconda freccia gli configge la mano sulla prima ferita (44); Palamede è passato parte a parte, una freccia gli entra nell'occhio e gli esce dalla nuca (45).

Un'altra impresa di Clorinda (impresa attribuitale dalla fama, secondo la cautela del testo) è il ferimento di Goffredo alla gamba (XI, 54). C'è un ovvio riferimento all'analogo ferimento di Enea in *Eneide* XII, 398-400. Daniel Gillis così spiega il significato del colpo ricevuto da Enea:

> The ancients thought he was wounded in the thigh. A Pompeian fresco shows the physician Iapyx treating a gash high on the inside of the thigh, near Aeneas' loins [...]. Artemidorus speaks of the thighs' symbolism as genitalia (1.46) [...] Dionysus was born from Zeus's thigh [...] now to be understood as the male equivalent of the womb [...][17]

---

[17] Daniel GILLIS, *Eros and Death in the «Aeneid»*, Roma, L'Erma di Bretschneider, 1983, p. 90. Un valore simile ha secondo Gillis (p. 101) il ferimento di Turno nel duello con Enea in *Eneide* XII, 919-927: si tratta dello scontro tra due possibili capostipiti e Turno soccombe perché inadatto a quel ruolo, perché sconfitto nella propria virilità. Sul sim-

Modellato com'è sull'esempio virgiliano, il ferimento di Goffredo deve essere interpretato come un attentato alla virilità del capo dei Cristiani[18]. Nell'*Eneide*, il feritore di Enea rimane senza nome; nella *Liberata*, la formula usata per designare la responsabile («che di tua man, Clorinda, il colpo uscisse, / la fama il canta, e tuo l'onor n'è solo» [XI, 54]) serve più ad esaltare l'impresa (consegnandola, appena compiuta, alla fama che canta le gesta degli eroi) che per esprimere un reale dubbio riguardo l'attribuzione. Il ferimento di Goffredo rende ancora più inquietante il potere della guerriera.

La caratterizzazione di Clorinda come ninfa è esplicita: è cacciatrice, adopera arco e frecce, è vergine. L'interdetto di Diana impedisce alle ninfe di intrattenere relazioni con gli uomini: il rapporto sessuale è visto come una lotta in cui la donna rimane soggiogata perdendo per sempre la propria indipendenza[19]. È probabilmente a questo aspetto, e non ad una generica osservanza del precetto della castità, che si deve l'insistenza sulla verginità delle guerriere, da Camilla, «virgo militans» per antonomasia, alla «vergine Marfisa» incontrata da Astolfo e Sansonetto in *Furioso* XVIII, 99, a Bradamante, «casta e nobilissima donzella» nelle parole di Merlino (*Furioso* III, 16). La verginità è un simbolo di indipendenza, autonomia, potenza[20]. Il termine «vergine» deriva del resto dal latino *virgo-inis*, «che originariamente insiste nell'aspetto positivo («fiorente») piuttosto che in quello negat. («intatto») della giovinezza»[21]. La nozione ad esso

---

bolismo associato alla coscia cfr. Barbara G. WALKER, *The Woman's Dictionary of Symbols and Sacred Objects*, San Francisco, Harper & Row, 1988, p. 326.

[18] Scianatico coglie questo aspetto del ferimento di Goffredo, e lo mette in relazione col mito di Saturno: «Nella trasmissione del nucleo mitico originario di Saturno, attraverso successive contaminazioni e aggregazioni di motivi e figure, l'evento primario della castrazione del padre (la vicenda di Saturno divoratore dei figli e castrato da Zeus) si traspone trasferendosi nella menomazione alla gamba. Saturno e i suoi figli astrologici appaiono di frequente zoppi nelle descrizioni e, concordemente, nelle fonti iconologiche (talvolta con una gamba artificiale e con una stampella che sostituisce in alcuni casi la falce o la vanga)» (Giovanna SCIANATICO, *L'armi pietose. Studio sulla Gerusalemme Liberata*, Venezia, Marsilio, 1990, p. 157).

[19] Cfr. Michel FOUCAULT, *Histoire de la sexualité* 2 (*L'usage des plaisirs*), Paris, Gallimard, 1984, p. 237.

[20] Su questo aspetto si veda Marina Warner, *Alone of All Her Sex. The Myth and the Cult of the Virgin Mary*, New York, Alfred A. Knopf, 1976, pp. 47-48. Qualche spunto utile si trova in *Images of the Untouched. Virginity in Psyche, Myth and Community*, a cura di Joanne Stroud e Gail Thomas, Dallas, Texas, Spring Publications, 1982. Per la rielaborazione cristiana di quest'idea si rinvia alla parte dedicata a Sofronia.

[21] Giacomo DEVOTO, *Avviamento alla etimologia italiana. Dizionario etimologico*, Fi-

collegata è quella di potenza, tanto che Sant'Agostino usa l'appellativo di vergine per Cibele, sebbene subito dopo la definisca madre di tutti gli dei (*De Civitate Dei* II, 4)[22]; in Valerio Flacco, il potere delle vergini assume un aspetto magico, soprannaturale: Medea è definita «opibus magicis, et virginitate tremenda» (*Argonautica* VI, 449), e Egidio Forcellini postilla: «*h.e.* terribilis ob virginitatem, qua dilecta erat Hecate [*sic*] magicae artis deae»[23]. Un prodigio certamente noto a Tasso si legge nella storia di Teagene e Cariclea, che superano incolumi la prova della graticola in virtù della loro purezza (*Etiopiche* X, 9). Qualcosa rimane, nella caratterizzazione delle guerriere rinascimentali, dei poteri associati alla verginità nel mondo classico: ne fa fede la figura di Clorinda, improntata ad una tale rigorosa coerenza che per lei la sconfitta, nel doppio registro militare ed erotico che si è venuto delineando, equivale alla morte, per una sorta di interiorizzazione dell'interdetto di Diana.

Getto, Raimondi e, in maniera più articolata, Chiappelli, hanno segnalato la presenza di una vena sensuale sottesa al combattimento di Tancredi e Clorinda. Getto, con un singolare scarto critico, la propone per subito negarla: dopo aver segnalato in XII, 64 un'allusione di «sapore fortemente erotico», ammonisce a non cedere «a suggestioni di un troppo moderno e discutibile gusto freudiano», in quanto non autorizzate da Tasso[24]. Raimondi segnala gli elementi che convergono «verso la fatalità di un eros che è insieme thanatos»[25]. Per Chiappelli il duello è l'ultimo atto del dramma rappresentato dal personaggio di Clorinda, un dramma che

> svolge (splendidamente) i motivi dell'incomunicabilità, dell'equivoco fatalmente inerente, nella condizione umana, alla ibridazione fra *forma assunta* e *forma autentica*, dei limiti circostanziali che rendono impossibile al sentimen-

---

renze, Le Monnier, 1968.
[22] Cfr. *Glossarium Eroticum Linguae Latinae sive Theogoniae, Legum et Morum Nuptialium Apud Romanos*, Autore P. PIERRUGUES, Editio Altera, Berlin W. 30, Hermann Barsdorf Verlag, 1908.
[23] Cfr. *Totius Latinitatis Lexicon*, Consilio et Cura Jacobi Facciolati Opera et Studio Aegidii Forcellini. Londini, Sumptibus Baldwin et Cradock, Paternoster-Row et Guglielmi Pickering, Chancery Lane, 1828.
[24] Giovanni GETTO, *Nel mondo della Gerusalemme*, Firenze, Vallecchi, 1968, p. 152. Cfr., dello stesso, *Interpretazione del Tasso*, Napoli, Edizioni Scientifiche Italiane, 1967, p. 336.
[25] Ezio RAIMONDI, *Introduzione*, in Torquato Tasso, *Gerusalemme liberata*, Milano, Rizzoli, 1988, p. LIII. Cfr., dello stesso, *Poesia come retorica*, Firenze, Olschki, 1980, pp. 122 e ss..

to di attuarsi se non in una affermazione sacrificale al momento della catastrofe fisica[26].

Per il critico, di conseguenza, tutto ciò che riguarda la professione militare di Clorinda va interpretato come un tragico equivoco, risolto solo nel momento del trapasso:

> Uccisa dall'uomo che ama, cade, «trafitta vergine»: non debellata, ma *trafitta*, non guerriera, ma *vergine*. Nell'atto in cui squarcia la larva d'acciaio, la trasformazione è tutta compiuta e la piaga che compie il suo destino di donna si afferma nell'immagine dell'evento nuziale[27].

La critica posteriore a Chiappelli ha insistito su questa metamorfosi, rivelando con lapsus caratteristici le aspettative dei critici lettori, che proiettano i valori di una femminilità normativa su un testo che quegli stessi parametri sta problematizzando. Per Walter Moretti, ad esempio, il gesto finale di perdono di Clorinda «restituisce il personaggio alla sfera che gli è propria, di bellezza incontaminata e inattingibile»[28]; per Pool la femminilità di Clorinda riesce ad affermarsi «solo nell'ora dell'agonia»[29]. Ancor prima di Chiappelli, del resto, Getto osservava che il carattere da belva insaziata di Clorinda, in evidenza soprattutto nel suo colloquio con Argante (XII, 3-6), è «contrastante con quella che dovrebbe essere la sua naturale femminile gentilezza»[30]. Le aspettative critiche si sovrappongono al testo e lo irrigidiscono. In che modo, infatti, il testo ci propone come propria di Clorinda una sfera di «bellezza incontaminata e inattingibile», come se si trattasse di un figurino stilnovista e non di un guerriero? In che modo viene suggerito di misurare Clorinda secondo una concezione di «naturale femminile gentilezza»?

Quegli elementi che vengono in genere indicati come segnali della gentilezza di Clorinda (il salvataggio di Olindo e Sofronia, la sollecitudine verso i vecchi e le donzelle del suo seguito) coesistono infatti, in maniera perturbante, con gli aspetti più feroci. Indicare nei primi la vera natura di

---

[26] Fredi CHIAPPELLI, *op. cit.*, pp. 56-57.
[27] *Ivi*, p. 64.
[28] Walter MORETTI, *Torquato Tasso*, Bari, Laterza, 1973, p. 66.
[29] Franco POOL, *Desiderio e realtà nella poesia del Tasso*, citato da Robinson che cosí lamenta il trattamento critico di Clorinda: «In a tone at once salacious and condescending, critics describe her death as a belated but welcome flowering of womanhood in this hitherto "unfeminine" creature» (*op. cit.*, p. 242).
[30] Giovanni GETTO, *Nel mondo*, cit., p. 145.

Clorinda

Clorinda, contrapposta ad una seconda natura acquisita e artificiale, costituisce un giro di vite ideologico, una chiave interpretativa pacificante che non rende conto di tutti gli aspetti del testo, che assume come definitiva una soluzione che tale non è. È opinione critica corrente che il combattimento e la morte di Clorinda costituiscano il suo approdo alla femminilità, ma il fatto che questo nascere della donna (qualsiasi cosa ciò significhi) coincida con la morte dell'individuo non è stato preso nella giusta considerazione, così come è stata ignorata la non-risoluzione del conflitto all'interno del poema: a Tancredi non sarà dato di sconfiggere i fantasmi della selva di Saron. Se leggiamo le scene culminanti del duello senza postulare una mistica forma autentica femminile che si libera di quella imposta, non ci sarà difficile rintracciare nell'assalto di Tancredi un aspetto sadico e persino, direi, stupratorio:

> Tre volte il cavalier la donna stringe
> con le robuste braccia, ed altrettante
> da que' nodi tenaci ella si scinge,
> nodi di fer nemico e non d'amante.
> (XII, 57)
> [...]
> Spinge egli il ferro nel bel sen di punta
> che vi s'immerge e 'l sangue avido beve;
> (64)
> [...]
> Segue egli la vittoria, e la trafitta
> vergine minacciando incalza e preme.
> (65)

Questo aspetto va messo in correlazione diretta con gli elementi della caratterizzazione di Clorinda: la cacciatrice di uomini dall'ambigua identità («fera a gli uomini parve, uomo a le belve» II, 40) viene costretta ad ammettere la propria inferiorità marzial-sessuale in un combattimento-amplesso che la rimette al suo posto. La conferma, qualora ve ne fosse bisogno, arriva dal sogno in cui ella compare a Tancredi disperato e dal relativo fervorino edificante: Diana è diventata Laura, pia attende il suo amato nella gloria dei cieli. La seconda metà del XII canto, che sviluppa appunto il lamento di Tancredi e la sua consolazione in seguito all'apparizione di Clorinda, è piuttosto debole, ed i passaggi più cruciali vengono svolti con una sbrigatività tipica del Tasso elaboratore di liete fini: penso soprattutto al «consolato ei si desta» (XII, 94) che segna la metamorfosi di Tancredi. La storia è in un certo senso già scritta, e viene sviluppata seguendo una trama petrarchesca un po' di maniera.

La lotta tra Tancredi e Clorinda è un nodo cruciale, in quanto concretizza in un vero duello il conflitto sotteso al poema, «porta al colmo dell'esasperazione la sottintesa lotta tra i sessi»[31]. L'esito è tragico: Tancredi, che ama Clorinda, nell'unico contatto fisico che ha con lei non saprà fare niente di meglio che farle violenza e ucciderla, e da questo, per tutto il poema, non si riprenderà più. Quanto provvisoria e poco risolutiva sia la pacificazione che conclude il XII canto è dimostrato dal ripetersi del conflitto nella selva di Saron. Con un'ostinazione che Freud decifrò come una manifestazione della coazione a ripetere[32], Tancredi «tragge [...] la spada» (XIII, 41) per profanare il cipresso, ma rimane disarmato al rivelarsi di Clorinda: il potere di castrazione della guerriera prende la sua rivincita, il «ferro» (quel ferro all'opera in XII, 64) cade di mano a Tancredi[33], che deve ritirarsi lasciando la selva intatta e il conflitto aperto.

La parabola di Tancredi e Clorinda costituisce l'esempio più evidente dell'imperfetta adesione del finale tranquillizzante apposto alle storie dei protagonisti: le problematiche messe in evidenza sono troppo complesse perché una conclusione tradizionale le pacifichi. In questo caso, il provvisorio finale della lotta (perdono di Clorinda e rassegnazione di Tancredi) viene rimesso in discussione dal prosieguo del poema.

3. *Fera agli uomini, uomo alle belve*

Nel II canto di Clorinda, già conosciuta attraverso lo sguardo e i ricordi innamorati di Tancredi, si traccia una storia breve e parziale, tesa a disegnare il suo profilo di guerriera:

> Costei gl'ingegni feminili e gli usi
> tutti sprezzò sin da l'età più acerba:
> a i lavori d'Aracne, a l'ago, a i fusi
> inchinar non degnò la man superba.
> Fuggì gli abiti molli e i lochi chiusi [...]

---

[31] Georges GÜNTERT, *L'epos dell'ideologia regnante e il romanzo delle passioni*, Pisa, Pacini, 1989, p. 139.

[32] Sigmund FREUD, *Beyond the Pleasure Principle*, trad. ing. di James Strachey, New York, Norton & Company Inc., 1975, p. 16. Cfr. Chiappelli nel commento all'episodio.

[33] «Tancredi symbolically loses his heroic male identity when he drops his sword in fear of Ismeno's creation» (Margaret W. FERGUSON, *Trials of Desire. Renaissance Defense of Poetry*, New Haven and London, Yale UP, 1983, p. 128).

L'ago e i fusi, insieme con i «lochi chiusi» al loro esercizio deputati, sono gli emblemi di una condizione femminile considerata degradante («sprezzò»). Clorinda rifiuta dunque le occupazioni e i luoghi prescritti al suo sesso, per costruire la propria identità in quanto cavaliere. È un'identità precaria, protesa verso un'androginia ideale e di fatto consistente nell'assunzione di un apparecchio maschile. L'ultimo verso della metamorfosi di Clorinda è un chiasmo rivelatore: per gli animali selvaggi la guerriera è (pericolosa e forte quanto) un uomo, ma gli uomini percepiscono in lei una forza selvaggia, un diverso minaccioso quanto la tigre che orna il suo elmo.

La creazione di una guerriera permette ad un autore di introdurre un elemento trasgressivo nella sua opera, ma il trattamento riservato al personaggio testimonia talora di una volontà di segno contrario, tesa a minimizzare la trasgressione, ad incanalarla in percorsi più normali e prevedibili. La gerarchia sessuale, traballante quando Bradamante sconfigge Sacripante nel I canto del *Furioso*, si riassesta quando Ruggiero vince e sposa la guerriera. John McLucas fa notare come a nessun personaggio femminile del *Furioso* capiti di essere ferito, e come persino il duello tra Marfisa e Bradamante sia ridicolizzato: Ruggiero riesce infatti ad impadronirsi delle loro armi, e il duello epico viene trasformato in una lite tra ragazzine che si accapigliano[34]. Persino il riconoscimento dell'abilità arciera di Clorinda, eredità diretta di Diana, non è senza ombre, in un contesto epico. Un vero cavaliere disprezza infatti le armi che colpiscono da lontano e danno un vantaggio sleale a chi le usa: nell'*Iliade* le frecce sono l'arma di Paride, e Diomede, sebbene ferito, lo insulta proprio per il suo ricorrere a mezzi indegni di un eroe[35].

Questo aiuta a comprendere la frustrazione di Clorinda quando, in un'importante circostanza, ricorre ella stessa ad arco e frecce. Il testo si è dilungato sulle sue prodezze, sulla sua precisione crudele che ha causato, tra l'altro, il ferimento di Goffredo. Clorinda non può accontentarsi di questo, e così si lamenta con Argante:

---

[34] John C. McLucas, *Amazon, Sorceress, and Queen: Women and War in the Aristocratic Literature of Sixteenth-Century Italy*, «The Italianist», 8, 1988, p. 42.

[35] «Arciere vituperoso brillante pei ricci, vagheggiator di fanciulle, se all'aperto vorrai cimentarti coll'arme contro di me, non ti varrà né l'arco né i folti strali. Ora indarno meni tu vanto, poiché m'hai graffiata la pianta del piede. Di ciò a me non cale, come mi avesse colpito una donna o un insensato fanciullo, poiché fiacco è il dardo d'un uomo imbelle e da nulla» (Omero, *Iliade* XI, 384-390, nella traduzione di Melchior Cesarotti, Napoli, Luigi Chiurazzi e figli, 1905).

> «Ben oggi il re de' Turchi e 'l buon Argante
> fêr meraviglie inusitate e strane,
> ché soli uscîr fra tante schiere e tante
> e vi spezzar le machine cristiane.
> Io (questo è il sommo pregio onde mi vante)
> d'alto richiusa oprai l'arme lontane,
> saggittaria, no 'l nego, assai felice.
> Dunque sol tanto a donna e più non lice?
>
> Quanto me' fôra in monte od in foresta
> a le fere aventar dardi e quadrella,
> ch'ove il maschio valor si manifesta,
> mostrarmi qui tra cavalier donzella!
> Ché non riprendo la feminea vesta,
> s'io ne son degna e non mi chiudo in cella?»
> (XII, 3-4)

Utilizzare le «armi lontane» equivale dunque, in perfetta linea con la tradizione epica, a mostrarsi «donzella», a rinnegare la scelta militare. Ricompare lo spettro del luogo chiuso (la «cella»), dello spazio riservato alle donne, della prigione da cui Clorinda si era illusa di essere fuggita ma che innalza ancora le sue mura intorno a lei al primo cedimento, al primo errore. I dubbi della guerriera testimoniano della sua crisi profonda e preludono al suo tentativo di superarla attraverso un gesto grandioso, inequivocabile, che dissolva le ombre e riaffermi la sua scelta di vita: l'esame della giornata trascorsa si conclude col proposito, nobile e disperato, di lasciare lo spazio chiuso per eccellenza, le mura protettive di Gerusalemme, per avventurarsi in campo aperto e distruggere la torre dei Cristiani. La sua decisione si carica di presagi:

> Depon Clorinda le sue spoglie inteste
> d'argento e l'elmo adorno e l'arme altere,
> e senza piuma o fregio altre ne veste
> (infausto annunzio!) ruginose e nere,
> però che stima agevolmente in queste
> occulta andar fra le nemiche schiere.
> (18)

Ci si potrebbe chiedere come faccia Clorinda a deporre le «arme altere» che non ha più (gliele ha rubate Erminia): Tasso, con caratteristica, ricorrente disinvoltura, trascura qui un particolare fondamentale del racconto. L'interesse della narrazione si concentra infatti altrove, nella crisi tutta

Clorinda 51

interiore di Clorinda, al fremito di morte che la scuote, di fronte al quale cede la coerenza della trama epica. Sebbene non menzionato da Chiappelli, questo episodio fornisce un esempio ulteriore, ed emblematico, di «lacuna nel recitato rispetto alla continuità del narrato»[36].
Clorinda è un essere in transizione, con un'identità rifiutata che risorge a tratti per minacciarla ed un'altra in via di costruzione. Degli elementi religiosi vengono introdotti, nell'imminenza della sua morte, ad intensificare il sentimento di precarietà che si è impadronito di lei. Clorinda è nata infatti da genitori cristiani, ed è stata educata secondo valori pagani da Arsete, suo tutore. È Arsete stesso che, al vedere Clorinda vestita di nero e pronta per lasciare Gerusalemme, le rivela la verità, narrandole anche come San Giorgio gli sia apparso in sogno ingiungendogli di battezzarla. Non è, questa, la prima apparizione del santo, che già due volte aveva salvato la vita della piccola Clorinda. Nella prima di queste circostanze, San Giorgio aveva suscitato istinto materno in una tigre, che aveva allattato la bambina, invece di sbranarla. Solo nell'imminenza della sua missione fatale, Clorinda scopre questo particolare, cui sembra però far allusione la sua insegna, che rappresenta appunto una tigre. L'immagine della belva potrebbe essere collegata alla caratterizzazione di Clorinda in quanto «fera agli uomini», ma assume un valore particolare se messa in relazione col racconto di Arsete: le insegne, infatti, fanno spesso riferimento ad una famosa impresa del cavaliere che le porta, ed è curioso che Clorinda indossi un'insegna legata ad un particolare della sua vita che le è ignoto. È come se, a qualche livello di coscienza, Clorinda avesse del suo passato, della sua vera identità, una percezione vaga ma sufficiente a turbarla. Nella *Conquistata* Tasso introdurrà, parallelo al sogno di Arsete, quello di Clorinda, col suo trasparente simbolismo e le sue scoperte anticipazioni: la guerriera prima vede «una pianta che spiega i rami al cielo», della stessa specie, evidentemente, di quella dantesca di *Purgatorio* XXXII, 37-42; poi una fonte in cui «Greci, Latini, Assiri, ed Indi, e Persi» si immergono; segue la lotta con un gigante, la sconfitta di Clorinda, la richiesta di pietà, la salita al cielo su un carro di fuoco (XV, 41-47)[37]. Ma nella *Liberata*, poema di allusioni e sfumature, di tutto questo non c'è che un cenno, l'improvvisa perplessità della guerriera. Se Arsete «tace e piagne», «ella

---

[36] F. CHIAPPELLI, *Il conoscitore*, cit., p. 21. Al particolare dell'armatura di Clorinda accenna, in un contesto diverso, Marilyn MIGIEL, *Gender and Genealogy in Tasso's «Gerusalemme Liberata»*, Lewinston, NY e Queenston, Ontario, 1993, p. 53.
[37] T. TASSO, *Gerusalemme Conquistata*, a cura di Luigi Bonfigli, Bari, Laterza, 1934.

pensa e teme, / ch'un altro simil sogno il cor le preme» (XII, 40). Ma l'esitazione dura un attimo. Dei turbamenti e dei presagi infausti non rimane traccia nella risposta ad Arsete, che aveva espresso dubbi su quale, delle due religioni in conflitto, fosse la vera:

> Quella fé seguirò che vera or parmi,
> che tu co 'l latte già de la nutrice
> sugger mi fêsti e che vuoi dubbia or farmi;
> né per temenza lascierò, né lice
> a magnanimo cor, l'impresa e l'armi,
> non se la morte nel più fier sembiante
> che sgomenti i mortali avessi inanti.
> (XII, 41)

La solitudine di Clorinda, la sua esclusione da entrambe le comunità, trova una potente rappresentazione nella narrazione della sua ultima impresa. Dopo aver incendiato la torre mobile, la guerriera ed il compagno Argante cercano di rientrare nella città assediata. Clorinda, nel momento cruciale, invece di guadagnare l'entrata si distrae per inseguire Arimone che l'ha colpita. Quando la sete di vendetta si placa, Clorinda si trova chiusa fuori. L'avvenimento è descritto attraverso un abile gioco di opposizioni, ripetizioni e *enjambements* tesi a sottolineare l'improvvisa situazione di solitudine e di esclusione da parte della guerriera («Aperta è l'Aurea porta [...] / e chiusa / è poi la porta, e sol Clorinda esclusa. / Sola esclusa ne fu [...]» [48-49]). La religione per cui Clorinda ha combattuto le chiude le porte, e la comunità alla quale appartiene per nascita è composta di nemici desiderosi di ucciderla. L'esistenza in bilico tra due mondi si carica di pericoli. Mentre si dirige verso un'altra porta della città, la guerriera è seguita dall'ignaro Tancredi che la sfida a duello. Nel tragico combattimento che segue, Clorinda paga con la vita la sua trasgressione, le sue scelte di vita, mentre una scelta mutilante si impone su di lei.

4. *Arco e frecce, aghi e fusi, penna e calamaio*

Grande attenzione è stata dedicata in tempi recenti, soprattutto in area anglosassone, alla figura della guerriera, che con la sua presenza sembra rimettere in discussione quella rigida divisione tra i sessi che è uno dei pilastri della concezione epica. Articoli e intere monografie dedicate all'argomento testimoniano di un interesse che non accenna a diminuire. Questa fascinazione non fa che corrispondere a quella che spinse gli autori rinascimentali a dedicare tanto spazio a personaggi tanto inverosimili. Malgrado il versante storico dei *gender studies* abbia investigato l'esistenza di modelli reali, di donne in carne ed ossa che presero parte a battaglie, tale presenza risulta talmente limitata da far risaltare ancora di più, per contrasto, l'esercito di guerriere che attraversa l'epica rinascimentale.

Nell'episodio dell'isola delle donne omicide, la sospensione del combattimento tra Marfisa e Guidon Selvaggio permette al narratore del *Furioso* di inserirsi, in apertura di canto, a commentare le prodezze femminili:

> Le donne antique hanno mirabil cose
> fatto ne l'arme e ne le sacre muse;
> e di lor opre belle e glorïose
> gran lume in tutto il mondo si diffuse.
> Arpalice e Camilla son famose,
> perché in battaglia erano esperte et use;
> Safo e Corinna, perché furon dotte,
> splendono illustri, e mai non veggon notte.
> (XX, 1)

Arpalice e Camilla si resero famose per la loro abilità marziale, Saffo e Corinna per le loro conoscenze. L'accostamento delle intellettuali e delle guerriere può sembrare strano, ma il narratore ariostesco non fa che richiamare alla mente dei suoi lettori un concetto loro familiare[38]. Le stesse umaniste erano ben coscienti del fatto che la loro presenza nell'arena culturale le rendeva dei fenomeni della natura, tali da suscitare non meno curiosità di Clorinda. L'epistolario di Isotta Nogarola[39] testimonia delle numerose lettere di meraviglia e ammirazione indirizzatele: «viriles virgines» sono, agli occhi di Geronimo Guarino, Isotta e la sorella Ginevra, capaci come gli uomini di eccellere negli *studia humanitatis*[40]. Molti gli fan-

---

[38] Per questa discussione sul parallelo amazzone/intellettuale cfr. l'ottimo intervento di Margaret L. KING, *Book-Lined Cells: Women and Humanism in the Early Italian Renaissance*, in *Beyond Their Sex. Learned Women of the European Past*, a cura di Patricia H. Labalme, New York and London, New York UP, 1980, in particolare pp. 75-80.

[39] *Isotae Nogarolae Veronensis Opera quae supersunt omnia. Accedunt Angelae et Zeneverae Nogarolae epistolae et carmina.* Collegit Alexander Comes Appony. Edidit et proefatus est Eugenius Abel. Vindobonae, Apud Gerold et Socios, Budapestini, Apud Fridericum Kilian, 1886. 2 voll.

[40] *Ivi*, vol. 1, p. 93.

no eco. Isotta si schermisce: sa che ci sono uomini «qui litteras in feminis virus ac pestem publicam appellant», ricorda gli esempi famosi di Saffo, delle Muse che insegnarono ai poeti, non esita a giustificare retoricamente l'imperfezione delle sue creazioni con la debolezza del suo sesso («parvitas enim ingenii mei sexusque meus orationem meam attollere non sinit»). Le lettere di Nogarola erano tese a suscitare l'ammirazione dei corrispondenti e a rinforzare il mito della *femina virilis* attraverso la dottrina in esse contenute, ma ciò non deve portare a sottovalutare l'importanza che in esse riveste il tema ricorrente dell'ingegno femminile. Ma se la cultura può innalzare la donna al di sopra del suo sesso, ogni caduta può essere viceversa interpretata come una concessione alla propria natura debole, «femminile», come ben testimonia questa lettera di rimproveri di Guarino Veronese ad Isotta:

[...] cum tuum istud perspexisse viderer ingenium adiunctius doctrinae ornamentis insigne, te adeo virili animo et opinari et praedicare solebam, ut nihil accidere posset, quod non forti et invicto ferres pectore. Nunc autem sic demissam abiectam et vere mulierem tete ostentas, ut nihil magnifico de te sensui meo responderte cernam. Quae quia nata sis femina, quereris et proinde infortunatam te sentis et prae te fers, cum contra ita te gerere debuisses, ut sexum quidem naturae, excelsum autem animum virtuti ascriberes [...][41]

L'ingresso nella repubblica delle lettere si paga con una rinuncia alla propria identità femminile, concepita come un coacervo di debolezze che ostacolano il cammino verso la conoscenza. In questa prospettiva, l'elogio della *femina virilis*, dell'animo virile in un corpo di donna e simili, non tende certo a correggere l'essenzialismo di base, ma solo a definire attraverso un paradosso, e quindi, segnatamente, a stigmatizzare, l'individuo che non corrisponde alle caratteristiche del suo sesso. Così Patricia Labalme sintetizza il sacrificio richiesto all'umanista:

A woman who excelled intellectually disregarded the boundaries of her sex and mental powers, as Cassandra Fedele put it. She became an intellectual transvestite. Christine de Pisan [...] was praised as a «virilis femina» and said of herself, «now I am truly a man». Such a transformation was prescriptive for any woman of intellectual ambition. She must set aside her womanhood, with its assumed weakness, its vanities, its narrow concerns. She must embrace a sexual ambiguity, she must become, like the classical virago in a new

---

[41] *Ivi*, vol. 1, pp. 83-84.

form, an armed maiden, an Amazon of the mind[42].

Una fanciulla armata, un'amazzone della mente: non è un caso se nella descrizione di Labalme, come nei versi dell'Ariosto, i termini militari si sovrappongono a quelli intellettuali. Già agli occhi dei loro contemporanei, le umaniste presentavano delle singolari affinità con le loro consorelle armate. In una delle tante lettere di encomio indirizzate a Cassandra Fedele si legge:

> Fuerunt Amazones bellatrices, et Camilla Virgo bellatrix, ea ausa in certamine bellorum cum viris concurrere, tamen maiorem laudem esse duco cum viris non corpore aut manu, verum etiam animo, ac peritia bonarum literarum certare, ut tu soles[43].

L'ammirazione per Cassandra viene espressa in termini familiari a chiunque abbia seguito i percorsi delle guerriere: Poliziano ricorda a Cassandra la sua singolarità di fanciulla che maneggia «pro lana librum, pro fuso calamum, stylum pro acu»[44], di intellettuale che trascura quegli stessi «lavori d'Aracne», aghi e fusi cui Clorinda disdegnerà di inchinare «la man superba», dedicata all'arte della guerra (II, 39). Attraverso questo spostamento, la figura della guerriera diventa un significante in luogo di un altro, cioè una metafora, nella definizione di Jacques Lacan secondo cui la metafora è «l'implantation dans une chaîne signifiante d'un autre signifiant, par quoi celui qu'il supplante tombe au rang de signifié»[45]. Clorinda, che sdegna «aghi e fusi» per imbracciare le armi, rappresenta una figura che, partendo da un simile disprezzo per le attività che la imprigionano, impugna gli strumenti della cultura per invadere un campo a lei estraneo. Questa relazione è colta, con la forza propria solo dell'invenzione poetica, da Petronilla Paolini Massimi (1663-1726), in un originale sonetto tutto svolto sul parallelo tra Clorinda la guerriera e Amalasunta l'intellettuale:

> Sdegna Clorinda a i femminili uffici
> chinar la destra, e sotto l'elmo accoglie

---

[42] Patricia H. LABALME nell'introduzione a *Beyond Their Sex, op.cit.* New York e Londra, New York UP, 1980, p. 5. Cfr. John C. MCLUCAS, *op. cit.*, p. 38.
[43] *Clarissimae feminae Cassandrae Fidelis Venetae Epistolae et Orationes Posthumae*, Padova, presso Francesco Bolzettam, 1626, pp. 139-140.
[44] *Ivi*, p. 156.
[45] Jacques LACAN, *Ecrits*, Paris, Seuil, 1966, p. 708.

i biondi crini e con guerriere voglie
fa del proprio valor pompa a i nemici.
Così gli alti natali e i lieti auspici
e gli aurei tetti e le regali spoglie
nulla curando, Amalasonta coglie
de' fecondi Licei lauri felici.
Mente capace d'ogni nobil cura
ha il nostro sesso: or qual potente inganno
dall'imprese d'onor l'alme ne fura?
So ben che i fati a noi guerra non fanno,
né i suoi doni contende a noi natura:
sol del nostro valor l'uomo è tiranno[46].

Paolini Massimi fa prova qui di un talento nel cogliere le similitudini che Aristotele considera un dono innato, presiedente all'abilità di creare metafore. Nella *Poetica* (1459a 8), la metafora viene fatta coincidere proprio col riconoscimento di una qualità identica in cose diverse. Clorinda e Amalasunta abbandonano i ruoli cui sembravano essere destinate per invadere campi a loro preclusi, in cerca di onore e gloria. La guerriera e l'intellettuale rinnegano i limiti imposti alle donne, si appropriano di strumenti maschili (la penna/spada) per invadere i mondi della guerra e del sapere[47]. Nel silenzio della tradizione, prese nelle contraddizioni di un ruolo inedito, furono le umaniste stesse a segnalare per prime i percorsi segreti che le legavano alle consorelle armate:

> La monaca Beatrice del Sera sottolineò l'equivalenza della spada e della penna (così come altre avevano parlato di opposizione tra la penna e il fuso): se alcune donne avevano osato prendere le armi e combattere delle battaglie, perché altre non avrebbero dovuto combattere, per la pace e non per la guerra, con la penna?[48]

---

[46] *Lirici del Settecento*, a cura di Bruno Maier, Milano-Napoli, Ricciardi, 1959, p. 49.

[47] L'idea della creazione culturale come attività esclusivamente maschile è al centro di un intervento di Gilbert e Gubar, tendente a mettere allo scoperto la stretta relazione retoricamente stabilita fra attività letteraria e potere generativo maschile, a cominciare dalla filosofia medievale per cui Dio non solo dà vita all'universo, ma scrive il libro della natura. Sandra M. GILBERT e Susan GUBAR, *The Madwoman in the Attic. The Woman Writer and Nineteenth-Century Literary Imagination*, New Haven e Londra, Yale UP, 1984, in particolare pp. 12 e ss.

[48] Margaret L. KING, *La donna del Rinascimento*, in *L'uomo del Rinascimento*, a cura di Eugenio Garin, Bari, Laterza, 1988, p. 323.

Clorinda

Di Antea, la principale guerriera del *Morgante*, si dice che «sapeva tutte l'arti liberali» (XV, 104)[49], e Clorinda stessa costituisce una metafora convincente dell'intellettuale. È un personaggio complesso, consapevole dei limiti che le si vorrebbero imporre, il cui rifiuto ribadisce in più di una circostanza; è, anche, personaggio in possesso di notevoli capacità dialettiche e argomentative, in evidenza nel suo dialogo, prima con Argante, poi con Aladino, nell'imminenza della sortita fatale. Per convincere Argante a non seguirla fuori delle mura di Gerusalemme, Clorinda non esita a sminuirsi:

> Pure io femina sono, e nulla riede
> mia morte in danno a la città smarrita;
> ma se tu cadi (tolga il Ciel gli auguri),
> or chi sarà che più difenda i muri?
> (XII, 8)

Questo passo è sufficiente a convincere Tomalin del fatto che Clorinda «has no real belief in her own prowess and refers to herself as an unimportant woman»[50]. Un esame meno precipitoso rivela che questa professione di femminile inutilità è inserita in uno scambio non particolarmente poetico (Momigliano lo trovava «infelice»[51]), ma molto chiaro nelle intenzioni. Clorinda non vuole tentare un'impresa tanto grande quanto l'incendio della torre senza dirlo ad Argante, ma non ama l'idea di dividere i rischi e la gloria con chicchessia. La sua spontanea reazione all'offerta di Solimano di unirsi alla spedizione introduce una nota vivace e quasi comica («– Ah! – rispose Clorinda – andremo a questa / impresa tutti? e se tu vien, chi resta?» [XII, 12]), e lascia pochi dubbi sui suoi sentimenti nel vedere la sua iniziativa individuale trasformata in un'operazione collettiva. Quanto poco «femina» Clorinda si senta, del resto, è indicato in apertura di canto, quando, già preda di oscuri presagi di morte, raccomanda ad Argante le giovani del suo seguito ed Arsete, «ché di pietate / ben è degno *quel* sesso e quella etate» (XII, 5; corsivo mio). Meglio sarebbe seguire in questo caso il suggerimento del fine interprete Argante, che vede chiaro dietro una tale manifestazione di muliebre inettitudine e bolla le parole di Clorinda come «fallaci scuse». Le capacità dialettiche di Clorinda sono

---

[49] Luigi PULCI, *Morgante*, a cura di Franca Ageno, Milano, Mondadori, 1994.
[50] Margaret TOMALIN, *op. cit.*, p. 17.
[51] Torquato TASSO, *Gerusalemme Liberata*, a cura di Attilio Momigliano, Firenze, La Nuova Italia, 1946, p. 173.

del resto in evidenza fin dal suo primo apparire in scena, nel salvataggio di Olindo e Sofronia. Convinta dell'innocenza dei due, non tenta un intervento di forza, ma intesse un abile discorso per Aladino, combinando un'efficace strategia retorica ad argomenti religiosi islamici, che risuonano nelle sue parole per la prima e l'ultima volta nel poema.

Clorinda, e più in generale la donna-guerriero, nel suo ideale e nelle sue contraddizioni, è dunque un personaggio carico di significati e anche di presagi e speranze per il futuro. La sua straordinaria modernità viene così riassunta da King, al termine della sua discussione sui tre volti della donna del Rinascimento (Maria, Eva, amazzone):

> Le prime due figure, che sono colte in un'opposizione senza speranza di risoluzione, rappresentano i poli ormai cristallizzati delle possibilità della donna: il futuro si annida nella terza figura. Dall'amazzone, questa rigida figura che compare ovunque nella civiltà del Rinascimento, è nata la donna moderna, che porta con sé il pesante fardello della solitudine della amazzone e non ha ancora conquistato pienamente tutta la sua libertà. Quella libertà che forse potrà attingere un giorno, in un Rinascimento delle donne secoli dopo il Rinascimento degli uomini[52].

---

[52] Margaret L. KING, *La donna*, cit., p. 327.

III.
Armida

1. *Il poeta della città*

L'ispirazione civile della *Gerusalemme liberata* si manifesta fin dalla scelta dei modelli d'ispirazione: la moderna *Eneide* risente anche, e fortemente, dell'influenza della *Divina Commedia*[1]. Alla celebrazione virgiliana delle origini e valori di Roma si sovrappone la meditazione dantesca sul derelitto stato dell'Italia, unita alla speranza di rinnovamento. Sulla scia dei suoi predecessori, Tasso delinea il modello per la perfetta «città», per un'armoniosa e ben organizzata vita sociale. Il sogno rinascimentale si carica, nella *Liberata*, di tensioni trascendentali, si colora di tinte religiose:

> questa civile beatitudine non deve esser l'ultimo segno dell'uomo Cristiano, ma deve egli mirar più alto alla Cristiana felicità; per questo non desidera Goffredo d'espugnar la terrena Gerusalemme per averne semplicemente il dominio temporale; ma perché in essa si celebri il culto divino, e possa il sepolcro esser liberamente visitato da pii, e devoti pellegrini: e si chiude il Poema nell'adorazione di Goffredo, per dimostrarci, che l'intelletto affaticato nelle azioni civili, deve finalmente riposarsi nelle orazioni e nei beni dell'altra vita beatissima, ed immortale[2].

Centrale nel poema è dunque l'educazione dell'individuo, il processo

---

[1] Su Tasso lettore di Dante v. Dante DELLA TERZA, *Tasso e Dante*, in *Forma e memoria. Saggi e ricerche sulla tradizione letteraria da Dante a Vico*, Roma, Bulzoni, 1979, pp. 148-176.

[2] *Allegoria*, in *Delle opere di Torquato Tasso*, cit., vol. 24, p. XIII-XIV.

volto a renderlo degno di Gerusalemme. Sono soprattutto gli aspetti contraddittori della questione ad interessare Tasso: le qualità del perfetto individuo e quelle del perfetto cittadino, infatti, non necessariamente coincidono. Un uomo coraggioso, fiero, libero può essere un individuo armonico e completo, ma quegli stessi attributi possono pregiudicare l'inserimento in una società in cui ognuno deve possedere solo le caratteristiche necessarie alla propria funzione sociale:

> [...] alla considerazione della felicità civile deve necessariamente precedere la cognizione della virtù civile, dico della virtù in quanto è utile alla città; perciocché molte fiate può avvenire che la città in uno abbia bisogno di minor virtù, ed in altro di maggiore: e per questo ne' servi, che son parte della città, niuna, o molto poca virtù è ricercata, e solo tanto quanto or basti per obbidire, e per eseguire gli altrui comandamenti[3].

Durante la marcia di avvicinamento a Gerusalemme, i desideri, gli istinti, i bisogni dell'individuo sono disciplinati e diretti verso la causa comune, la meta prescelta. La ricorrente metafora corporale sottolinea questa cooperazione tra tutti i membri della società. Solo quando il corpo civile è stato formato, Gerusalemme potrà essere conquistata.

Goffredo, nello sforzo incessante per riunire «sotto i santi segni [...] i suoi compagni erranti» (I, 1), incarna la forza centripeta, che genera unità, smussa gli attriti, incanala le energie verso la città. Il capitano cristiano non ha una specifica controparte pagana[4], poiché il ruolo di guida sembra essere diviso in maniera non sempre chiara tra Aladino, Solimano e Emireno. Si può riscontrare in ciò un esempio di quella differenza tra i due eserciti tanto persuasivamente indagata da Sergio Zatti[5]: ad un mondo cristiano uniforme, o perlomeno tendente all'uniformità, si contrappone il mondo pagano, intrinsecamente e irrimediabilmente multiforme. L'antagonista di Goffredo non sarà dunque un condottiero pagano, ma piuttosto il personaggio che rappresenta la spinta opposta alla sua. Una potente forza centrifuga chiama infatti i crociati a lasciare la diritta via, li incoraggia a seguire i propri istinti. Più che Aladino, Solimano o Emireno, il vero cor-

---

[3] T. TASSO, *Della virtù*, cit., p. 188.
[4] Alain GODARD, *Le camp païen et ses héros dans la Jérusalem délivrée*, in *Quêtes d'une identité collective chez les Italiens de la Renaissance*, Paris, Université de la Sorbonne Nouvelle, 1990, p. 310.
[5] Sergio ZATTI, *L'uniforme cristiano e il multiforme pagano. Saggio sulla «Gerusalemme Liberata»*, Milano, Il Saggiatore, 1983.

rispettivo di Goffredo è Armida[6]. Nella *Favola della Gerusalemme* Tasso sostiene che il IV canto, in cui Idraote chiede alla nipote Armida di entrare nella lotta, deve essere considerato la fonte di tutti gli episodi del poema («da questo canto, come da fonte, derivano tutti gli episodi»[7]). Il ruolo della maga diventa così importante nella trama che in un'altra lettera, datata 29 luglio 1575, Tasso si chiede

> se quello accompagnare l'azione di Armida con l'azione principale, quasi sino al fine, potrà dare altrui noia e far parere ch'io abbia presa Armida per soggetto principale, e ch'io riguardi in lei non solo in quanto distorna i cristiani e ritiene Rinaldo, ma anco prima e per sé[8].

Il dubbio di Tasso sembra, per una volta, perfettamente legittimo. Il fascino di Armida non è circoscritto infatti al suo ruolo di distrazione per i crociati, ma si estende alla creazione di un mondo diverso ed affascinante, alternativo a quello cristiano. L'esercito di Goffredo è per l'individuo luogo di educazione e repressione, mentre il giardino di Armida offre soddisfazione immediata al desiderio e all'istinto. Goffredo vuole costruire la città; Armida difende i diritti della natura[9].

2. *Il giardino di Armida*

Nel fondamentale quarto canto, Armida accetta l'invito di Idraote e si prepara ad entrare nella lotta:

> La bella Armida, di sua forma altera
> e de' doni del sesso e de l'etate,
> l'impresa prende, e in su la prima sera
> parte e tien sol vie chiuse e celate;
> e 'n treccia e 'n gonna feminile spera

---

[6] Cfr. Georges GÜNTERT, *op. cit.*, p. 202.
[7] *Le lettere*, cit., vol. I, p. 205.
[8] *Ivi*, vol. I, p. 104.
[9] «The city is always the ultimate center of action, the true source of value. Tasso has taken the classical categories of town versus country, duty versus love, and placed them in a framework of Christian morality. City is always superior to nature, duty to love, redemption to rest. In short, it is physically and morally better to live in a state of Grace than a state of Nature» (A. Bartlett GIAMATTI, *The Earthly Paradise and the Renaissance Epic*, Princeton, Princeton UP, 1966, p. 184).

vincer popoli invitti e schiere armate.
(IV, 27)

Le armi di Armida, sebbene retoricamente proposte come inadeguate alla difficoltà della missione e alla pericolosità dei nemici (come può la donna sperare di vincere, in treccia e gonna, «popoli invitti e schiere armate»?), erano state sancite dalla tradizione cavalleresca, non senza un certo compiacimento per il paradosso, come rivela l'opposizione di Mandricardo e Doralice nel *Furioso*:

> Ella era per dover vincer lui tosto,
> ancor che armato, e ch'ella fosse in gonna.
> (XXX, 43)

Parallelamente avevano svolto lo stesso tema della specificità e perigliosità delle armi femminili i trattatisti rinascimentali:

> [...] non resta che demandare che arme adopra la donna, mentre che combatte con li suoi amanti. Allora il savio Socrate: – Adopra – disse – le belle parole, cenni accorti e canti soavi, simulati risi e sguardi acuti. – Oh crudel' arme! oh arme spietate! arme venenose! arme mortifere! oh arme a cui cedeno quelle che oggi adopra l'astuta Spagna, la ricca Francia, l'animosa Alemagna, la potente Turchia, l'Africa bellicosa e la superba Italia![10]

Non c'è dunque da stupirsi del fatto che Armida, attraverso un uso esemplare delle sue doti, arrivi ad un passo dalla vittoria, pregiudicata da un'inaspettata vulnerabilità alle stesse passioni tanto abilmente suscitate e cinicamente manipolate negli amanti.

La novità del fascino di Armida è stata persuasivamente illustrata da Chiappelli, attraverso il confronto con il precedente ariostesco:

> Il vocabolario emergente nella descrizione ariostesca di Alcina è quello imposto dal senso estetico della *misura* (regolarità, completezza, e compostezza materiale) nella forma estrinseca (fisionomia e corpo) mentre il vocabolario emergente nella descrizione tassiana di Armida è interpretativo, non oggettivo, verte sull'effetto dell'apparizione più che sull'apparizione stessa; insomma è quello imposto dalla realtà naturale del turbamento e dell'eccitazione

---

[10] Michelangelo BIONDO, *Angoscia doglia e pena. Le tre furie del mondo*, in *Trattati del Cinquecento sulla donna*, a cura di Giuseppe Zonta, Bari, Laterza, 1913, p. 108.

prevalentemente immaginaria suscitata da un'attrattiva indefinibile[11].

Armida appare diversa ad ogni osservatore, ed è per ognuno un invito a seguire i propri sogni. La sua indefinibile bellezza la rende una donna differente per ogni uomo che la guardi, un mutevole catalizzatore del desiderio individuale. Dal canto IV, che vede la sua comparsa nell'accampamento cristiano, fino al canto XVI, che segna la sua sconfitta, Armida seduce i suoi seguaci e li conduce in un regno alternativo alla città. Il suo giardino è la dimensione di coloro che vogliono dimenticare la propria missione, il proprio ruolo sociale.

Molto degli incanti di Armida il lettore impara prima di giungere con Carlo e Ubaldo nel giardino: il racconto di Guglielmo (X, 60 e segg.), pur imbarazzato e convinto colpevole, non può cancellare il fascino di quel regno, nel momento stesso in cui ne fornisce le prime coordinate: l'artificiosità («i marmi io taccio e l'oro / meravigliosi d'arte e di lavoro» [63]); l'indotto oblio di sé e della propria missione («piovono in grembo a l'erbe i sonni queti» [63]; «beve con lungo incendio un lungo oblio»; «vano e torbido sogno» [65]) e, infine, il completo appagamento dei sensi che a questa nuova dimensione si accompagna:

> Era qui ciò ch'ogni stagion dispensa,
> ciò che dona la terra e manda il mare,
> ciò che l'arte condisce; e cento belle
> servivano al convito accorte ancelle.
> (X, 64)

Ancora oblio e artificiosità sono stigmatizzati nel racconto del mago d'Ascalona[12], mentre, intensificando il gioco delle anticipazioni, il canto della ninfa prelude a quello del pappagallo di Armida, né manca l'accenno, nell'innamoramento della donna, al mito di Narciso, che tornerà negli specchi del giardino:

> [...] e 'n su la vaga fronte
> pende omai sí che par Narciso al fonte.
> (XIV, 66)

---

[11] Fredi CHIAPPELLI, *op. cit.*, p. 86. Cfr., dello stesso, *Ariosto, Tasso e la bellezza delle donne*, «Filologia e critica», 2-3, 1985, pp. 325-341.

[12] Il sonno è questa volta quello di Rinaldo: «Sì canta l'empia, e 'l giovenetto al sonno / con note invoglia sì soavi e scorte» (XIV, 65).

Componente fondamentale del fascino dell'episodio è questa complessa preparazione, questa lenta ma inesorabile marcia d'avvicinamento che una forza d'attrazione dirige verso il luogo intravisto, raccontato, sognato, in cui finalmente giungono Carlo e Ubaldo:

> [...] in lieto aspetto il bel giardin
> s'aperse: acque stagnanti, mobili cristalli,
> fior vari e varie piante, erbe diverse,
> apriche collinette, ombrose valli,
> selve e spelonche in una vista offerse;
> e quel che 'l bello e 'l caro accresce a l'opre,
> l'arte, che tutto fa, nulla si scopre.
> (XVI, 9)

La geometria è quella del cerchio[13], forma chiusa per eccellenza, e al centro del cerchio, chiuso nel chiuso, è situato il giardino di Armida. Le caratteristiche appena accennate nel racconto di Guglielmo prendono concretezza, vengono messe a fuoco. L'artificiosità improntata una natura ignara delle stagioni, in perenne rigoglio, in una corsa di maturazioni e rinascite che il verso modella in una frenesia di allitterazioni e di richiami fonetico-semantici senza paragone all'interno del poema:

> Di natura arte par, che per diletto
> l'imitatrice sua scherzando imiti.
> L'aura, non ch'altro, è della maga effetto,
> l'aura che rende gli alberi fioriti:
> co' fiori eterni eterno il frutto dura,
> e mentre spunta l'un, l'altro matura.
> Nel tronco istesso e tra l'istessa foglia
> sovra il nascente fico invecchia il fico [...]
> (XVI, 10)

A guidare i due nel labirintico palazzo è un libro, dono del mago d'Ascalona. Questo personaggio, già mago naturale, convertito al Cristianesimo da Pietro l'Eremita, assolve nella vicenda il ruolo proprio del donatore

---

[13] «The circle was always one of the primary feminine signs [...] associated with the idea of a protected or consacrated space, the center of the motherland, a cerimonial space where all participants are equal» (Barbara G. WALKER, *The Women's Dictionary*, cit., p. 4).

Armida 65

nelle favole[14], fornendo gli strumenti atti a sconfiggere l'incantesimo, mostrando i veri valori da contrapporre a quelli fuorvianti di Armida. Già lo «speco» in cui egli vive era stato descritto «in guisa ornato / ch'ogni suo fregio è non fatto, ma nato» (XIV, 48), in evidente opposizione con «l'arte che tutto fa» che impronta il giardino (XVI, 9)[15]; il suo scudo è la risposta allo specchio della maga; il suo libro ristabilisce la razionalità nel dedalo della reggia. Nascosti, i due guerrieri spiano i giochi d'amore di Armida con un nuovo Rinaldo, dimentico di città e di battaglie, teso solo ad appagare il suo desiderio di fusione con la donna amata, come espresso in questi famosi, emblematici versi:

> Con luci ella ridenti, ei con accese
> mirano in vari oggetti un solo oggetto:
> ella del vetro a sé fa specchio, ed egli
> gli occhi di lei sereni a sé fa spegli.
> (XVI, 20)
> L'uno di servitù, l'altra d'impero
> si gloria, ella in se stessa ed egli in lei.
> (21)

Questi versi, ed in particolare «mirano in vari oggetti un solo oggetto», resistono un'interpretazione univoca. Alcuni critici suggeriscono che il «solo oggetto» contemplato sia il viso di Armida[16]; altri suggeriscono un significato più ampio: il «solo oggetto» sarebbe allora, per entrambi gli amanti, il volto dell'amato/a[17]. Forse il senso più profondo risiede proprio in questa difficoltà di comunicazione con l'esterno: l'unione dei due è tal-

---

[14] Cfr. Vladimir Iakovlevich PROPP, *Morfologia della fiaba*, a cura di Gian Luigi Bravo, Torino, Einaudi, 1966, p. 45.

[15] Cfr. A. Bartlett GIAMATTI, *op. cit.*, p. 189. Sul mago d'Ascalona e sulla sua dimora v. Ezio RAIMONDI, *Introduzione*, cit., pp. XC-XCIV, e Giovanna SCIANATICO, *op. cit.*, p. 138.

[16] Si vedano tra gli altri: Alfredo GIULIANI, in *Gerusalemme Liberata di Torquato Tasso, raccontata da Alfredo Giuliani con una scelta del poema*, Torino, Einaudi, 1970, p. 232; Claudio VARESE e Guido ARBIZZONI in *Gerusalemme Liberata*, Milano, Mursia, 1983; Piero NARDI in *Gerusalemme Liberata*, Milano, Edizioni Scolastiche Mondadori, 1968; Luigi DE VENDITTIS in *Gerusalemme Liberata, Aminta, Rime Scelte e versi dalla Gerusalemme Conquistata, dal Rinaldo e dal Mondo Creato*, Torino, Einaudi, 1961. Così sembra aver interpretato anche Annibale Carracci: nel suo *Rinaldo e Armida* (Gallerie Nazionali di Capodimonte, Napoli) il guerriero guarda la donna che è invece intenta ad osservare la propria immagine riflessa nello specchio.

[17] È questa l'interpretazione di Guastavini, ripresa da Caretti nel suo commento al passo (in *Gerusalemme Liberata*, Torino, Einaudi, 1971).

mente esclusiva e completa da sfiorare, letteralmente, la perdita di significato. Secondo Zatti

> Nello specchio si compendiano le relazioni analogiche dominanti: iterazione, specularità, e soprattutto circolarità («tondo» è la prima, fondamentale parola del canto, riferita all'edificio labirintico), per cui esso viene a costituire un vero e proprio equivalente simbolico della condizione labirintica, un vero e proprio correlativo oggettivo nel senso eliotiano. Mediatore di una identificazione mistificante, lo specchio ripropone a molteplici livelli quell'equivalenza nel diverso che costituisce lo statuto fisico e spirituale del luogo magico [...] Rinaldo è degradato a pura immagine speculare di Armida, sia in quanto ne ha assorbito le prerogative femminili e le caratteristiche somatiche [...], sia in quanto ha incorporato egli stesso, attraverso gli ardori del cuore che il volto tradisce, la funzione, propria dello specchio, di narcisistica esibizione delle bellezze della donna[18].

Il risultato di questa identificazione è degradante per Rinaldo. Raimondi[19] e Scianatico[20] mettono in luce come la relazione tra il cavaliere e Armida rappresenti un rovesciamento del tradizionale rapporto di forza tra i sessi, con la donna in posizione dominante, ma spetta a Günsberg[21] il merito di aver precisato la natura del potere di Armida su Rinaldo e la sua specificità, le caratteristiche che lo rendono ben diverso, ad esempio, da quello, in apparenza tanto simile, esercitato da Alcina su Ruggiero nel *Furioso*. Günsberg osserva come la caratterizzazione di Rinaldo enfatizzi la sua giovinezza: Rinaldo è «fanciullo» (I, 58; III, 38), «garzon» (V, 51), «giovenetto» (VIII, 38 e 46), «uom giovenetto e senza peli al mento» (VIII, 54); la sua vita è «giovanetta acerba» (X, 74). L'immaturità di Rinaldo è in relazione con la sua posizione nei confronti di Armida, e i due elementi insieme suggeriscono che il rapporto della coppia nel giardino non sia dissimile da quello che unisce madre e figlio.

---

[18] Sergio ZATTI, *op. cit.*, p. 71.
[19] Ezio RAIMONDI, *Introduzione*, cit., p. CIV.
[20] Giovanna SCIANATICO, *op. cit.*, pp. 108-109.
[21] Maggie GÜNSBERG, *The Mirror Episode in Canto XVI of the «Gerusalemme Liberata»*, «The Italianist», 3, 1983, p. 34.

3. La cecità di Edipo, il segreto di Giocasta

Günsberg propone una lettura psicanalitica di stampo lacaniano, e focalizza l'attenzione sul ruolo dei due specchi del canto XVI: il primo, lo specchio di Armida, rappresenta la fase del narcisismo primario, la fase di libertà per un io ancora primordiale; il secondo è lo scudo in cui Rinaldo è costretto a guardarsi, che introduce la fase dell'*Umwelt*, in cui il soggetto percepisce se stesso in relazione ad un contesto, a delle norme prestabilite[22]. La percezione della propria degradata immagine nello specchio segna per Rinaldo il momento del passaggio da una relazione esclusiva con la madre al riconoscimento dell'autorità della legge, del padre. L'ideologia delle relazioni tra i sessi sottesa al poema viene allo scoperto in questo episodio: il mondo femminile viene fatto coincidere con uno stadio naturale, presociale, di soddisfazioni elementari, precluso ad ogni sviluppo. In una società patriarcale come quella che deve installarsi nella Gerusalemme «liberata», in una società, cioè, nelle quale la donna è associata e limitata alla sua funzione biologica di riproduttrice, il progresso dallo stadio di natura allo stadio sociale non può che avvenire attraverso l'uomo, il padre. Le conseguenze di questa dicotomia sono rilevanti, come si può constatare persino nelle conclusioni di un appassionato sostenitore di una presunta fase matriarcale nella storia dell'umanità:

> The progress from the maternal to the paternal conception of man forms the most important turning point in the history of the relations between the sexes [...] The mother's connection with the child is based on a material relationship, it is accessible to sense perception and remains always a natural truth, but the father as a begetter presents an entirely different aspect [...] The triumph of paternity brings with it the liberation of the spirit from the manifestations of nature, a sublimation of human existence over the laws of material life [...] Maternity pertains to the physical side of man, the only thing he shares with the animals: the paternal-spiritual principle belongs to him alone[23].

Le teorie di Bachofen continuano ad esercitare un grande fascino, malgrado il disinvolto «salto» dall'ontogenesi alla filogenesi, ben in evidenza in nel passo citato, per cui la storia dell'individuo viene implicitamente

---

[22] *Ivi*, p. 37.
[23] J.J. BACHOFEN, *op. cit.*, p. 109.

assunta a rappresentare la storia del genere umano[24]. Vengono delineate due fasi nello sviluppo umano, una legata alla natura e alla madre, l'altra, più avanzata, legata allo spirito e al padre: è una distinzione prodotta essa stessa da una cultura in cerca di autolegittimazione. In altre parole, non si tratta di accettare una prospettiva essenzialista, ma solo di servirsene, in sede provvisoria, per esaminare la costruzione del femminile nella *Liberata*. Per quanto affascinante possa risultare il moderno dibattito sull'essenzialismo, riferito in maniera specifica ad una reale o presunta natura femminile[25], il problema non potrà porsi negli stessi termini per un testo rinascimentale, ed in particolare per un testo che vuole legittimare la costruzione di una società patriarcale. La dinamica che la liberazione di Rinaldo propone, e che gli studi di Bachofen aiutano a decifrare, è quella di un'associazione natura-madre-donna da una parte e cultura-padre-uomo dall'altra, in una dicotomia che esclude a priori ogni possibilità di riconciliazione.

Una ricostruzione delle tappe del percorso di Rinaldo aiuta a chiarire questo punto. Il rapporto del giovane cavaliere con l'autorità e con i suoi rappresentanti (in particolare con Goffredo) viene presentato come problematico fin dall'inizio. Già nel III canto, quando Sigiero, inviato da Goffredo, gli ordina di interrompere il suo intempestivo attacco contro Gerusalemme, Rinaldo si frena a stento:

> [...] Rinaldo si frenò, ch'altrui fu sprone
> benché dentro ne frema, e in più d'un segno
> dimostri fuore il mal celato sdegno.
> (53)

Nel canto V, dopo aver ucciso Gernando in un accesso d'ira, Rinaldo sprezzantemente rifiuta il consiglio di Tancredi di rimettersi al giudizio di Goffredo:

---

[24] «Même si l'existence de civilisations matriarcales est problématique, il n'en reste pas moins que son oeuvre [de Bachofen] contient une vérité psychologique profonde, car elle est la projection sur l'histoire de l'humanité de l'aventure individuelle des hommes et des femmes au cours de leur développement» (Janine CHASSEGUET-SMIRGEL, *Freud et la féminité*, in *L'Oedipe: un complexe universel*, Poitiers-Ligugé, Tehon, 1977, p. 314).

[25] Due testi di particolare utilità per uno studio della questione sono Diana FUSS, *Essentially Speaking: Feminism, Nature and Difference*, New York, Routledge, 1989 e *The Essential Difference*, a cura di Naomi Schor e Elizabeth Wedd, Bloomington, U of Indiana P, 1994.

Armida 69

> «Difenda sua ragion ne' ceppi involto
> chi servo è» disse «o d'esser servo è degno.
> Libero i' nacqui e vissi, e morrò sciolto
> pria che man porga o piede a laccio indegno:
> usa a la spada è questa destra ed usa
> a le palme, e vil nodo ella ricusa.
> (42)

Rinaldo, insomma, non accetta o riconosce un'autorità superiore alla propria volontà. Meglio di ogni altro soldato dell'esercito cristiano, egli incarna i valori tradizionali ed individuali della cavalleria. Il giardino di Armida è per lui un luogo di aproblematica, narcisistica soddisfazione dei propri desideri, fin quando lo scudo adamantino recato da Carlo e Ubaldo non lo rivela a se stesso. Il fatto che questo secondo specchio, corrispondente ma opposto a quello di Armida, sia più precisamente uno scudo, è significativo in quanto rappresenta l'identità di Rinaldo in quanto soldato di Cristo. Ancora più interessante è che il richiamo al dovere ed il rimprovero risuonino nel nome del padre, nel nome della legge:

> Te solo, *o figlio di Bertoldo*, fuora
> dal mondo, in ozio, un breve angolo serra.
> (XVI, 32; corsivo mio)

La società, il regno del padre, prevale dunque sul mondo naturale di Armida. Per Rinaldo, questo significa abbandonare una dimensione in cui egli è amato per quello che è per entrare in un mondo che lo accetta solo a certe condizioni. Il cavaliere offre immediatamente una prova della sua assoluta dedizione alla causa[26]. Fino a questo punto, la sua voce nel poema è risuonata solo per millantare la propria eccellenza o per esprimere l'amore per Armida. Ora, il suo discorso riduce quell'amore ad un banco di prova per la ripristinata gerarchia di valori. La sua cauta dichiarazione rispetta i limiti imposti sui sentimenti dalla sua ritrovata posizione in seno all'armata:

> sarò tuo cavalier quanto concede
> la guerra d'Asia e con l'onor la fede.

---

[26] Nella maggior parte delle edizioni del poema è Ubaldo a suggerire che Rinaldo parli ad Armida. Chiappelli omette però il passo per fondate ragioni filologiche: l'ottava in questione (la 41) è assente infatti tanto nella seconda edizione Bonnà quanto nell'Osanna.

(XVI, 54)
[...]
Rimanti in pace, i' vado; a te non lice
meco venir, chi mi conduce il vieta.
(56)

L'abbandono del giardino di Armida, sotto gli occhi vigili dei rappresentanti dell'autorità patriarcale, corrisponde per Rinaldo ad un rito di passaggio. Elisabeth Badinter riassume le caratteristiche dell'iniziazione virile, che può assumere forme più o meno traumatiche e crudeli, in tre punti: la presenza di una soglia critica da oltrepassare; la necessità delle prove; il ruolo secondario o inesistente del padre, sostituito da uomini adulti che si incaricano di garantire l'accesso del figlio alla virilità[27]. Se il secondo e terzo punto presentano una tale coincidenza con l'avventura di Rinaldo da non richiedere un'ulteriore discussione, il primo acquista un significato preciso nel contesto del lavoro di Badinter: capovolgendo il detto di Simone de Beauvoir per cui «on ne naît pas femme: on le devient»[28], l'autrice osserva come proprio i giovani uomini siano invece sottoposti a riti che interrompono la loro relazione intima e privilegiata con la madre, in modo che, stornati i sospetti di un possibile contagio materno ed uccisa, in se stessi, la donna, possano accedere alla virilità.

Non è un caso se, seguendo Rinaldo, abbiamo finito col perdere di vista Armida, destinata ad avere, in questo schema, un ruolo secondario, consequenziale a quello dell'amato. Nella sua relazione col cavaliere, amore e potere si intrecciano.

Riprendendo gli argomenti di Bachofen, Erich Fromm svolge la sua critica all'interpretazione freudiana del mito di Edipo, ed in particolare all'importanza attribuita al tema dell'incesto. Secondo Fromm, il vero tema del mito è «the rebellion of the son against the authority of the father in the patriarchal family»[29], per cui l'omicidio di Laio rappresenterebbe «an attack against the victorious patriarchal order by the representatives of the defeated matriarchal system»[30]. Questa intuizione costituisce il presuppo-

---

[27] Elisabeth BADINTER, *XY. De l'identité masculine*, Paris, Odile Jacob, 1992, pp. 108-109.
[28] Simone DE BEAUVOIR, *Le deuxième sexe*, Paris, Gallimard, 1949, p. 286.
[29] Erich FROMM, *The Forgotten Language. An Introduction to the Understanding of Dreams, Fairy Tales and Myths*, New York and Toronto, Rinehart & Co., Inc., 1951, p. 202.
[30] *Ivi*, p. 210. «Harold Stewart constate également: "L'histoire d'Oedipe représente le passage de la societé matrilinéaire à la societé patrilinéaire, celle de la lignée des pères"»

sto per un collegamento tra la tragedia di Sofocle e la *Teogonia* di Esiodo, una serie di miti che spiegano le origini del cosmo attraverso lo schema ricorrente dell'alleanza tra madre e figlio contro il padre. Ma ancora più interessante di quello che tanto Freud quanto Fromm vedono in *Edipo re*, è quello che non vedono, cioè il ruolo di Giocasta, che sembra fin dall'inizio consapevole del fatto che il suo secondo marito sia in realtà suo figlio – facilmente riconoscibile, peraltro, dai piedi deformati – e cerca di distogliere Edipo dalla sua indagine fatale[31]. Anticipando Freud di un paio di millenni, Giocasta attribuisce all'inconscio l'idea di una relazione con la madre:

> Perché devi temere? Sull'uomo domina il fato,
> e nulla si può prevedere del futuro:
> meglio vivere cosí, alla ventura.
> E tu non temere le nozze con tua madre;
> già molti s'unirono in sogno con la madre,
> ma chi non crede alle ombre
> vive tranquillamente la sua vita[32].

Quando Edipo è ormai a un passo dalla verità, le preghiere di Giocasta si fanno pressanti:

> In nome degli dèi, se hai cara la vita
> non cercare di sapere. La mia pena è immensa[33].

Forse Giocasta ama Edipo e non vuole perderlo? O forse, come suggerisce Fromm, l'amore non ha un gran ruolo in questa che è una tragedia sul potere, sui mezzi per ottenerlo e conquistarlo[34]? Un'interpretazione non esclude l'altra, ed è anzi probabile che le due siano complementari: Giocasta ama Edipo che le fornisce il potere di cui ella sarebbe, altrimenti, priva. Amore e potere vanno di pari passo. Freud non ha dato un'interpretazione delle azioni di Giocasta, e sulla sua scia generazioni di psicologi, psicanalisti, critici hanno privilegiato Edipo quale oggetto di analisi,

---

(in **L'Oedipe*, cit., p. 26).
    [31] V. Christiane OLIVIER, *Les Enfants de Jocaste*, Paris, Denoël/Gonthier, 1980.
    [32] SOFOCLE, *Edipo Re*, traduzione di Salvatore Quasimodo, Milano, Mondadori, 1983, p. 133.
    [33] *Ivi*, p. 145.
    [34] Sull'*Edipo re* come tragedia del potere v. Carlo OSSOLA, «*Edipo e ragion di stato*»: *mitologie comparate*, «Lettere Italiane», 4, 1982, pp. 482-505.

mentre Giocasta è stata costretta ad abitare «ce continent noir de la féminité dont parle Freud et qui se révèle inaccessible à toute morale et à toute règle quelle qu'elle soit»[35]. Le ragioni della madre, insomma, non hanno ricevuto lo stesso livello di attenzione di quelle del figlio, ed è forse inevitabile che gli strumenti psicanalitici, che tanto possono aiutare nella comprensione dello sviluppo di Rinaldo, non siano completamente soddisfacenti se applicati al dramma di Armida. La personalità della maga e le sue ragioni rimangono più oscure rispetto a quelle del cavaliere, come se ella condividesse qualcosa del mistero di Giocasta. Il suo primo movimento verso Rinaldo è di aggressione: sta per ucciderlo quando scorge in lui come un riflesso di se stessa, («e 'n su la vaga fronte / pende omai sí che par Narciso al fonte» [XIV, 66]), e si innamora di lui («e di nemica ella divenne amante» [67]). Condotto il guerriero nella sua remota isola, Armida mette in scena per lui la relazione madre-figlio. Armida si comporta da madre per Rinaldo perché solo inibendo il suo sviluppo può esercitare autorità su di lui. Esemplare nel rovesciamento dei ruoli che la relazione tra i due rappresenta è il fatto che la dicotomia esterno/interno, ricorrente nella trattatistica rinascimentale e a cui si fa spesso allusione nel poema, proponga in questo caso l'uomo confinato ad un'area ristretta e la donna, al contrario, libera nei movimenti:

> Ella per uso il dí 'esce e rivede
> gli affari suoi, le sue magiche carte.
> Egli riman, ch'a lui non si concede
> por orma o trar momento in altra parte [...]
> (XVI, 26)

Amare Rinaldo è per Armida un altro modo per amare se stessa. Come Giocasta, Armida domina la scena in assenza del padre e nell'ignoranza del figlio, ma deve rinunciare ad ogni ambizione di potere quando Rinaldo approda alla maturità. La metamorfosi della maga comincia durante il suo disperato inseguimento:

> Costei d'Amor, quanto egli è grande, il regno
> volse e rivolse sol co 'l cenno inanti,
> e cosí pari al fasto ebbe lo sdegno,
> ch'amò d'essere amata, odiò gli amanti:

---

[35] Robert GEORGIN, *De Lévi-Strauss à Lacan*, Condé-sur-l'Escaut, Cistre, 1983, p. 133.

sé gradi sola, e fuor di sé in altrui
sol qualche effetto de' begli occhi sui.
(XVI, 38)
Or negletta e schernita in abbandono
rimasa, segue pure chi fugge e sprezza [...]
(39)

Per Armida, perdere Rinaldo in quanto individuo completamente dipendente da lei significa anche perdere il proprio potere. L'ideologia del poema non le offre vie d'uscita: è solo in quanto madre, o in quanto facente veci di madre, che una donna può esercitare potere su un uomo, ma si tratta di un dominio basato su una mancanza di consapevolezza, su uno sviluppo incompleto da parte dell'uomo. Non appena Rinaldo definisce la sua identità nel confronto con (e in opposizione a) quella, degradata, rimandatagli dallo specchio, l'autorità materna è costretta a lasciare il posto alla legge del padre.

4. *Ancora una prova per Rinaldo*

La liberazione di Rinaldo da Armida può essere dunque letta in chiave di emancipazione dalla tutela materna: l'ingresso nel mondo virile impone una rinuncia al rapporto con la madre[36]. Quale rapporto si potrà intrattenere con l'elemento femminile una volta troncato questo legame? La risposta del poema è decisa e un po' sbrigativa: per l'uomo, è un rapporto da superiore a inferiore. Già Armida si era sottomessa sul finire del canto XVI, «in una vertigine autosacrificale, fino al voto rituale della capigliatura»[37], e ci si potrebbe chiedere perché Rinaldo non accetti. È probabile che la storia tra i due non finisca lí per ragioni di coerenza narrativa: Rinaldo deve dimostrare di aver assimilato il suo nuovo ruolo nella selva di Saron, quando, tetragono al ritorno delle cadenze avvolgenti di Armida

---

[36] «Il processo iniziatico di Rinaldo [...] non comporta soltanto il riconoscimento della dea terribile che vive nella femminilità e della minaccia che si cela come eros nel volto notturno della madre e amante, ma anche il rifiuto della sua regressione verso lo stadio del matriarcato [...] L'iniziazione ai misteri della sessualità era nello stesso tempo un «regressus ad uterum» e un passaggio nel dominio della Grande Madre, in uno spazio gelosamente custodito dove prevalgono i valori femminili, le forze organiche e lunari dell'istinto in antagonismo con la cultura del potere maschile [...]» (Ezio RAIMONDI, *Introduzione*, cit., p. CIV).
[37] Giovanna SCIANATICO, *op. cit.*, p. 109.

(«scopri la fronte / e gli occhi a gli occhi miei, s'arrivi amico; / giungi i labri a le labra, il seno al seno, / porgi la destra a la mia destra almeno» [XVIII, 32]), rivelerà che il mirto protetto dall'immagine della maga è in realtà un noce, che l'amore è il travestimento di una realtà malefica.

La completa accettazione, da parte di Armida, dei valori religioso-esistenziali rappresentati da Rinaldo avviene in chiusura di poema. La conversione avviene in termini sommari e lascia il lettore sorpreso, ha il sapore della medicina amara annunciata all'inizio ma fatta poi dimenticare da tanti «soavi licor». L'appassionata amante di Rinaldo, che per il possesso dell'amato prima e per la vendetta poi ha creato paradisi, scagliato anatemi, promesso se stessa in premio, abbandona la scena ripetendo, verrebbe da dire scimmiottando, le parole di Maria all'arcangelo Gabriele che le annuncia il concepimento. I critici hanno spesso sottolineato l'incongruenza della metaforfosi[38]: più che la possibilità di un lieto fine, la conversione indica la volontà da parte del poeta di recuperare questo personaggio all'ideologia dei vincitori. La lotta tra i due, e il dramma di Rinaldo costretto a ripudiare il femminile per entrare nel mondo, si erano già svolti e risolti nel giardino, ma la conversione di Armida permette di collocare la femminilità, ora educata e consapevole dei propri limiti, nella società perfetta verso cui tende il sogno del poeta. La città, infatti, ha bisogno di donne, ma in una città ognuno deve ricoprire un determinato ruolo, corrispondere ad una precisa funzione. La giustizia, scrisse il poeta postillando e parafrasando Platone, consiste nell'adempimento da parte di ognuno delle responsabilità relative alla propria funzione nella vita associata: «Iustitia sua agere atque in alienis curiose non occupare»[39]. Questo vale anche per le donne, che sono alla società quello che la mano sinistra è al corpo: una parte meno sensibile, meno abile, passiva: in *Della virtù* Tasso, dopo aver ricordato che i Pitagorici, separando il bene dal male, ponevano «nell'ordine dei beni il destro, il maschio e il finito; e nell'ordine de' mali il sinistro, la femmina e lo infinito», spiega che

---

[38] Si vedano tra gli altri A. Bartlett GIAMATTI, *op. cit.*, p. 209, e Eugenio DONADONI, *Torquato Tasso*, Firenze, La Nuova Italia, 1952, p. 231. Di diverso avviso Walter Stephens secondo il quale gli echi letterari (soprattutto petrarcheschi) su cui è giocata la caratterizzazione di Armida sarebbero in grado di rendere la conversione meno stupefacente (*Saint Paul among the Amazons. Gender and Authority in «Gerusalemme liberata»*, in *Discourses of Authority in Medieval and Renaissance Literature*, a cura di Kevin Brownlee and Walter Stephens, Hanover e Londra, UP of New England, 1989, p. 196).

[39] Lucia OLINI, *Dalle direzioni di lettura alla revisione del testo: Tasso tra «Allegoria del poema» e «Giudizio»*, «Rassegna della Letteratura Italiana», 1, 1985, p. 65.

la parte sinistra è atta alla resistenza, ed alla sofferenza; e per questo sulla spalla sinistra si sogliono i pesi sostenere[40].

Al termine del suo percorso, Armida rinuncia alle sue prerogative e conquista cosí una posizione, per quanto secondaria, nella società dei vincitori.

[40] Torquato TASSO, *Della virtù*, cit., p. 187.

IV.
Erminia

1. *Erminia o del mistero*

Se Clorinda corrisponde al modello della guerriera e Armida a quello della seduttrice, Erminia sfugge alle definizioni ed è forse la più originale creazione tassesca: è indice di grande novità, in una tradizione che tende a cristallizzare i personaggi in tipi (Gano il traditore, Brunello il ladro), la presenza di un carattere quale quello di Erminia, che attraversa tutto il poema in una ricerca il cui esito rimane, per il lettore, misterioso. L'originalità comincia dall'invenzione stessa del nome, attestato per la prima volta nella *Liberata*. La scelta onomastica suggerisce la nozione di «ermo», in suggestiva relazione con la lontananza di Erminia dalle avventure epiche in cui si trova coinvolta. Il prefisso del nome si lega inoltre alla nozione di erranza, con tutte le implicazioni di deviazione spazio-morale che il termine comporta nella *Liberata*. Carlo Tagliavini suggerisce che Tasso abbia trovato ispirazione in *Eneide* XI, 640-649, in cui si assiste ad una breve comparsa di un Herminius, immediatamente ferito e forse ucciso[1]. Non è subito chiaro come il guerriero virgiliano che temerario affronta i nemici abbia potuto agire sulla fantasia tassesca nella creazione della fragile e irresoluta Erminia, ma una relazione, per quanto tenue, può essere stabilita. Alla descrizione del dolore di Herminius segue infatti la celebrazione delle imprese e della morte di Camilla, un episodio che, come si è visto, Tasso conosceva fin nei dettagli: non è solo la morte di Clo-

---

[1] Carlo TAGLIAVINI, *Origine e storia dei nomi di persona*, Bologna, Patròn, 1972, pp. 278-279.

rinda ad essere modellata sull'esempio virgiliano, ma anche la promessa di vendetta di Argante (XII, 104), che rispecchia quella di Opi in *Eneide* XI, 841-844. Anche le donne pagane che seguendo l'esempio di Clorinda si armano per difendere Gerusalemme (XI, 58) trovano il loro puntuale riscontro nelle compagne di cui Camilla si circonda (XI, 655 e segg.)

Non è dunque impossibile che l'oscuro guerriero virgiliano abbia avuto il suo ruolo nella memoria del poeta alla ricerca di un nome per la sua timida eroina, coinvolta in uno stretto rapporto di attrazione-opposizione con la guerriera della *Liberata*.

2. Il triangolo del desiderio

Il primo, ovvio legame tra Clorinda e Erminia è costituito dal fatto che le due donne si situano ai poli opposti della relazione che vede coinvolto Tancredi. Alla non amata amante si contrappone la non amante amata, e i destini del terzetto appaiono strettamente intrecciati fin dal canto III, segnato dal primo apparire di Erminia. Dall'alto della torre, la donna descrive ad Aladino i cavalieri cristiani, che ben conosce per essere stata loro prigioniera. Sotto i suoi occhi, Clorinda si appresta ad attaccare il contingente francese (13), e Tancredi, subito individuato nel campo da Erminia, le muove incontro. Nella lotta, Clorinda perde l'elmo, rivelando così la propria identità e suscitando la richiesta, da parte di Tancredi, che il duello continui in un luogo appartato. Getto ha così riassunto le linee dell'episodio:

> Si determina in tal modo una struttura caratteristica, un movimento d'attenzione che muove da Erminia, passa a Clorinda e giunge a Tancredi, per ritornare ancora a Erminia e quindi a Clorinda e infine a Tancredi; un movimento in cui Clorinda viene sempre a porsi tra Erminia e Tancredi, e in cui alla costante contemplativo-amorosa di Erminia succede sempre la costante attivo-guerriera di Clorinda [...] Insomma, l'intreccio della composizione è simbolico dell'intreccio della situazione, di quell'inconsapevole porsi di Clorinda come ostacolo alla passione di Erminia per Tancredi e di quel trovarsi Tancredi a essere a un tempo oggetto e soggetto d'amore, invano amato da Erminia e vanamente amante di Clorinda[2].

Ciascuno dei personaggi trova così posto in una struttura in cui il ca-

---

[2] Giovanni GETTO, *Nel mondo della Gerusalemme*, cit., p. 130.

valiere, al tempo stesso oggetto e soggetto d'amore, funge da legame tra le due donne. Nel canto III, dopo il passo commentato da Getto, la voce del narratore si sovrappone a quella di Erminia, ed è impossibile determinare quanto dell'azione si svolga sotto lo sguardo della donna. La dichiarazione d'amore di Tancredi viene infatti interrotta dall'intervento di un crociato che ferisce la guerriera (30). Tancredi furibondo lo insegue (31); la battaglia infuria, Argante e Clorinda fanno strage di nemici (34 e 35), e Tancredi ricomincia la lotta a fianco dei suoi (36). A questo punto, la voce di Erminia risuona ancora, per individuare nel campo Rinaldo. L'impressione che tutto si sia svolto sotto il suo sguardo attento è confermata dalle caratteristiche del suo privilegiato punto d'osservazione, l'altissima torre da cui «son più basse / quindi le piagge e le montagne scorte» (III, 12)[3]. Il desiderio di Erminia, in cerca di Tancredi, trova al termine del suo percorso Clorinda. Una singolare relazione si stabilisce dunque tra la guerriera ed un personaggio che costituisce, per molti versi, il suo opposto.

Lo stretto legame tra le due donne è reso esplicito nel canto VI, dove viene introdotto per rendere plausibile il furto delle armi di Clorinda da parte di Erminia. Questo tenue pretesto narrativo offre lo spunto per una singolare diversione:

> Soleva Erminia in compagnia sovente
> de la guerriera far lunga dimora.
> Seco la vide il sol da l'occidente,
> seco la vide la novella aurora;
> e quando son del dì le luci spente,
> un sol letto le accolse ambe talora;
> e null'altro pensier che l'amoroso,
> l'una vergine all'altra avrebbe ascoso.
> (VI, 79)
> Or in tanta amistà senza divieto
> venir sempre ne pote a la compagna,
> né stanza al giunger suo giamai si serra,
> siavi Clorinda, o sia in consiglio o 'n guerra.
> (80)

Perché Tasso fa condividere a Erminia e Clorinda il letto? Una spiega-

---

[3] Una nuova descrizione della torre è in VI, 62, anche in questo caso in relazione con Erminia e con il suo privilegiato punto d'osservazione: «Nel palazzo regal sublime sorge / antica torre assai presso a le mura, / da cui sommità tutta si scorge / l'oste cristiana, e 'l monte e la pianura».

zione di carattere pratico-logistico è palesemente inadeguata, anche in considerazione del carattere occasionale di quegli incontri notturni («talora»). L'unico altro caso in cui Tasso dà segno di una tale preoccupazione si trova in XII, 73, in riferimento ai corpi esanimi di Tancredi e Clorinda dopo il duello («Così portato, è l'uno e l'altro appresso; / ma in differente stanza al fine è messo»): si tratta di un particolare di un qualche peso narrativo, dato che Tancredi crederà che il corpo della guerriera sia stato abbandonato insepolto (XII, 78-8), e sarà consolato dall'apprendere che così non è. Tasso è poeta troppo grande e troppo sottile per riempire la sua opera di dettagli gratuiti[4]. Nel caso di Clorinda ed Erminia, inoltre, la vicinanza fisica è introdotta nel quadro di una dimestichezza che segna intere giornate dell'esistenza delle due.

Tra le poche eccezioni nel pressoché unanime silenzio critico su questo episodio va ricordato Godard, che porta il passo ad esempio di come Tasso crei per i Pagani dei legami d'amicizia privilegiati[5]. Con più coraggio, pur nella cautela moraleggiante, Petrocchi nota «qualcosa di lievemente ammiccante, non [...] certo licenzioso»[6], nella descrizione dei contatti tra le due Pagane. L'annotazione tassiana («un sol letto le accolse ambe talora») è troppo singolare per essere casuale, ma etichettare il rapporto tra Clorinda e Erminia sulla base di due enigmatici versi potrebbe essere rischioso. Prima di tirare conclusioni avventate, conviene vedere più da vicino i modelli cui Tasso poté ispirarsi nella creazione di un'amicizia tra due individui dello stesso sesso.

Traducendo con «casto» il «pius» che qualifica l'amore di Niso per Eurialo in *Eneide* V, 296, Paratore insiste nell'allontanare ogni sospetto di omosessualità dalla relazione tra i due: l'austerità dei costumi troiani andrebbe così a contrapporsi «alle concessioni che anche la *philia* socratica faceva all'*eros paidikòs*»[7]. Tuttavia Virgilio, in una più compiuta presentazione dei due, sviluppata nell'imminenza dell'impresa che costerà loro la vita, li contrappone l'uno all'altro seguendo le linee di un'allusiva pola-

---

[4] Superflua dovette sembrare all'autore la citata precisazione di XII, 73, felicemente corretta nella *Conquistata* in versi che riprendono il tema di amore e morte: «così portato è l'uno e l'altro insieme, / quasi consorti sian ne l'ore estreme» (XV, 86). Ma l'accenno agli incontri notturni delle due eroine rimane, in versi pressoché identici, nel poema riformato (VII, 99).

[5] Alain GODARD, *op. cit.*, pp. 385-386.

[6] Giorgio PETROCCHI, Ettore BONORA, *L'Erminia del Tasso (I-II)*, «Giornale Storico della Letteratura Italiana», 530, 1988, p. 184.

[7] Ettore PARATORE, in Virgilio, *Eneide*, cit., pp. 594-595.

rità: Niso è un abile cacciatore, un fortissimo guerriero («acerrimus armis» [IX, 176]), mentre Eurialo è il più bello dei giovinetti troiani, con il viso appena oscurato dalla prima peluria («Euryalus, quo pulchrior alter / non fuit Aeneadum Troiana neque induit arma, / ora puer prima signans intonsa iuventa» [IX, 179-181]). Uno degli amici viene dunque descritto come l'epitome delle migliori caratteristiche del proprio sesso, mentre nell'altro vengono enfatizzate qualità più pertinenti al sesso opposto, come una bellezza delicata, quasi muliebre. Durante la fatale spedizione notturna, il loro legame si manifesta in tutta la sua forza, nella disperazione di Niso nel ritrovarsi solo («Euryale infelix, qua te regione reliqui? / quave sequar?» [390]), nel suo tentativo di sottrarre Eurialo ai nemici, nella vendetta consumata su Volcente e infine nella placida morte che lo vede ricongiunto all'amico («Tum super exanimum sese proiecit amicum / confossus placidaque ibi demum morte quievit» [444-445]). La descrizione dei due e il loro comportamento durante la sortita fatale porta John F. Makowski a concludere che Virgilio abbia voluto rappresentare in loro una relazione tra un *erastes* e un *eromenos*, così come descritta da Platone nel *Convivio*, vale a dire un rapporto *anche* erotico tra due uomini, il più anziano dei quali svolge una funzione di guida, maestro ed esempio per il più giovane, caratterizzato dalla sua bellezza e dall'età acerba, epitomizzata dal primo apparire della barba[8].

Ariosto si ricorderà del precedente virgiliano nella descrizione della sua coppia esemplare, Cloridano e Medoro:

> Cloridan, cacciator tutta sua vita,
> di robusta persona era et isnella:
> Medoro avea la guancia colorita
> e bianca e grata ne la età novella:
> e fra la gente a quella impresa uscita
> non era faccia più gioconda e bella:
> occhi aveva neri, e chioma crespa d'oro:
> angel parea di quei del sommo coro.
> (*Furioso* XVIII, 166)

---

[8] John F. MAKOWSKI, *Nisus and Euryalus: a Platonic Relationship*, «The Classical Journal», 1, 1989, pp. 1-15. Makowski svolge anche un'utile rassegna delle più correnti interpretazioni dell'episodio. Cfr. Maria Cristina CABANI, *Gli amici amanti. Coppie eroiche e sortite notturne nell'epica italiana*, Napoli, Liguori, 1995, pp. 2-10. Per Cabani, l'episodio virgiliano inserisce un'importante novità nella tradizione delle sortite notturne, ponendo «l'amore-amicizia a perno dell'azione eroica» (p. 10).

Il procedimento è simile a quello usato da Virgilio: alla «robusta persona» di Cloridano si contrappone la bellezza da cherubino di Medoro, caratterizzata dal contrasto tra i capelli biondi e gli occhi neri (combinazione assurta a canone rinascimentale di bellezza femminile, come testimoniano tra l'altro la «bionda chioma» e i «negri occhi» di Alcina in *Furioso* VII, 11-12)[9]. Tanto Virgilio quanto Ariosto, insomma, pur evitando ogni specifico riferimento e ogni crudo reduzionismo, sviluppano le loro descrizioni secondo le linee di una suggestiva polarità[10]. Non diversamente agisce Tasso, nella creazione delle sue eroine, rappresentando in Erminia la femminilità fragile e insicura ed in Clorinda la donna che si appropria delle caratteristiche di indipendenza e forza destinate, in un contesto epico, agli uomini. L'originalità di Tasso emerge in maniera indiscutibile qualora si paragoni la notte che accoglie le sue eroine a quella in cui si agita la Fiordespina ariostesca. Fiordespina si è innamorata di Bradamante credendola un uomo, ma la sua passione non si placa alla scoperta del vero sesso dell'amata, al fianco della quale trascorre una notte insonne:

> Commune il letto ebbon la notte insieme,
> ma molto differente ebbon riposo:
> che l'una dorme, e l'altra piange e geme
> che sempre il suo desir sia più focoso.
> E se 'l sonno talor gli occhi le preme,
> quel breve sonno è tutto imaginoso:
> le par veder che 'l ciel l'abbia concesso
> Bradamante cangiata in miglior sesso.
>
> Come l'infermo acceso di gran sete,
> s'in quella ingorda voglia s'addormenta,
> ne l'interrotta e turbida quïete,
> d'ogni acqua che mai vide si ramenta;
> così a costei di far sue voglie liete
> l'imagine del sonno rappresenta.

---

[9] Così prescrive anche Federico Luigini da Udine nel suo trattato *Della bella donna* (1554), in cui esamina il corpo femminile da capo a piedi (in **Trattati del Cinquecento*, cit., pp. 228-308).

[10] John BOSWELL suggerisce che «it is likely [...] that ancient societies recognized fewer boundaries between "friendship" and "romance" than modern ones, and for the researcher to suggest that a clear dichotomy existed or to place a particular relationship on one side of it is usually anachronistic and inaccurate» (in *Christianity, Social Tolerance, and Homosexuality. Gay People in Western Europe from the Beginning of the Christian Era to the Fourteenth Century*, Chicago e London, U of Chicago P, 1980, p. 47).

Erminia

Si desta; e nel destar mette la mano
e ritrova pur sempre il sogno vano.
(*Furioso*, XXV, 42-43)

Il contrasto con la *Liberata* è rivelatore: mentre Ariosto trasforma una situazione potenzialmente erotica in una grottesca, ironizzando sull'impossibilità di un rapporto tra le due, Tasso, con il suo caratteristico gusto per le sfumature ed il non detto, si limita a rappresentare le sue eroine in un momento di conturbante prossimità, in perfetta sintonia con l'erotismo del poema, un erotismo fatto di turbamenti, esitazioni, rimpianti, e mai affermato con la vitalità gioiosa e l'incosciente esuberanza ariostesca. Si noterà poi come persino la prossimità delle due eroine sia subito incrinata dalla presenza silenziosa del segreto di Erminia, l'amore per Tancredi: «e null'altro pensier che l'amoroso, / l'una vergine all'altra avrebbe ascoso» (VI, 79). La distanza spirituale si sovrappone alla vicinanza fisica (come nel caso di Olindo e Sofronia al rogo), il che non impedisce ad un brivido omoerotico di insinuarsi tra le righe.

Sull'omosessualità di Tasso si era già soffermato, nel lontano 1887, Angelo Solerti, in un articolo in cui fin dal titolo traspariva il conflitto tra l'acribia dello storico e l'incredulità del moralista[11]. Nella *Liberata*, l'episodio dell'uccisione di Lesbino (IX, 81-86) è percorso da una vena omoerotica che pervade tanto la descrizione del paggio[12] quanto la reazione di Solimano alla sua morte. In quest'ultima circostanza, l'inserimento del narratore, che abbandona la terza persona per rivolgersi direttamente al personaggio, sottolinea l'intensa affettività del momento («Tu piangi, Soliman? tu, che destrutto / mirasti il regno tuo co 'l ciglio asciutto?» [IX, 86][13]). L'idea che una tensione simile, ma più sottile e segreta, animi gli

---

[11] Angelo SOLERTI, *Anche Torquato Tasso?*, «Giornale storico della letteratura italiana», 3, 1887, pp. 431-440. Cfr. *idem*, *Vita di Torquato Tasso*, Torino-Roma, Loescher, 1895, pp. 246-249.

[12] «Un paggio del Soldan misto era in quella / turba di sagittari e lanciatori, a cui non anco la stagion novella / il bel mento spargea de' primi fiori. / Paion perle e rugiade in su la bella / guancia irrigando i tepidi sudori, / giunge grazia la polve al crine incolto / e sdegnoso rigor dolce è in quel volto» (IX, 81).

[13] Un simile movimento alla vista di Armida svenuta per il dolore dell'abbandono di Rinaldo («Chiudesti i lumi, Armida: il Cielo avaro / invidiò il conforto a i tuoi martiri» [XVI, 60]) e alla morte di Argante («Tu, dal tuo peso tratto, in giù co 'l mento / n'andasti, Argante, e non potesti aitarte: / per te cadesti, aventuroso in tanto / ch'altri non ha di tua caduta il vanto» [XIX, 24]). Sono momenti dedicati in prevalenza ai Pagani: mi sembra questo un segno macroscopico dell'«irrisolto conflitto [...] fra l'ideologia che struttura il testo e l'identificazione emotiva che viene offerta al lettore» indicato da Zatti (*op. cit.*, p. 11).

incontri notturni di Erminia e Clorinda può trovare un'indiretta conferma nella lettera che Solerti allegava come prova del fatto che Tasso, se non «insozzato da un vizio contro natura», non sembra provare nei confronti di detto vizio «nessuna ripugnanza». In questo documento, Tasso parla dei suoi sentimenti verso un «Signore» che Solerti identifica con Orazio Ariosto (nipote, per colmo d'ironia, di Ludovico):

> Chiamo questo mio amore, e non benevolenza perché, in somma, è amore: nè prima me n'era accorto e non me n'accorgeva, perchè non sentiva destare in me nessuno di quegli appetiti che suol portare l'amore, ne anche nel letto, ove siamo stati insieme. Ma ora chiaramente mi avveggio ch'io sono stato e sono non amico, ma onestissimo amante, perchè sento dolore grandissimo, non solo ch'egli poco mi corrisponde nell'amore, ma anche di non poter parlare con esso lui con quella libertà, ch'io soleva, e la sua assenza m'affligge gravissimamente[14].

Un amore che si sovrappone all'amicizia, una familiarità e prossimità fisiche esperite e rimpiante: è suggestivo pensare che, nel rievocare la vicinanza di Orazio Ariosto, Tasso si sia ricordato della notte che accoglieva le sue eroine.

3. Ancora sui «lochi chiusi»

Tanto Clorinda quanto Erminia definiscono la propria personalità attraverso la relazione con uno spazio chiuso simbolico dei limiti della condizione femminile. Dell'insofferenza di Clorinda, della sua ribellione ad ogni restrizione spaziale, da lei acutamente interpretata come una limitazione spirituale, si è già discusso nel capitolo dedicato alla guerriera. La relazione di Erminia rispetto allo stesso luogo simbolico è più complessa, e si definisce durante l'erratico percorso dell'eroina nel poema. Nelle prime descrizioni ella appare nell'alto di una torre, protetta ma impotente, in una situazione resa intollerabile dal fatto che è la sua anima ad essere «in servitute astretta» (VI, 58), prigioniera dell'amore per Tancredi. È proprio il potere d'amore che la spinge a mettere in discussione i limiti imposti al suo comportamento, tanto che si potrebbe sostenere che l'amore eserciti su di lei lo stesso potere trasgressivo che la scelta militare ha su Clorinda.

---

[14] Angelo SOLERTI, *Anche Torquato Tasso?*, cit., p. 439.

La trattatistica rinascimentale offre innumerevoli esempi della dicotomia interno/esterno, di derivazione aristotelica. La sfera di competenza di ciascun sesso ne risulta strettamente codificata: all'uomo spetta l'esterno, l'accrescimento delle facoltà, il pubblico; alla donna l'interno, la conservazione, il privato[15]. Rifiutare questa divisione significa anche rinnegare tradizionali qualità femminili quali modestia, obbedienza, castità. La consapevolezza della gravità del passo anima il lungo esame di coscienza di Erminia nell'imminenza della sortita dalla città assediata. Amore suggerisce audacia, onestà la fedeltà alle sue leggi. Su tutte le argomentazioni prevale l'esempio di Clorinda, il suo disdegno per ogni limitazione:

> A lei non tarda i passi il lungo manto,
> né 'l suo valor rinchiude invida cella,
> ma veste l'armi, e se d'uscirne agogna
> vassene, e non la tien tema o vergogna.
> (VI, 82)

Il desiderio, da parte di Erminia, di essere Clorinda, riveste un significato particolare perché il lettore ne sa di più dei personaggi e può percepire una verità anche letterale nel suo lamento: è senz'altro vero, infatti, che se lei fosse Clorinda le sarebbe facile essere amata da Tancredi. Questa straordinaria crisi d'identità sfocia nell'appropriazione dell'armatura, e dunque nelle prerogative, di Clorinda.

Il ricorso al travestimento era uno stratagemma familiare agli autori del Cinquecento, che esplorarono, soprattutto in campo teatrale, le vaste potenzialità offerte dal tema a livello della trama (equivoci, scambi di persona, situazioni ambigue ecc.). Bianca Concolino Mancini, nel suo studio sulle commedie rinascimentali, mette in luce come il movente che spinge le donne ad assumere l'identità di un individuo del sesso opposto sia, oltre all'amore, la speranza di ottenere una più ampia libertà di movimenti[16]. Il caso di Erminia è più complesso, in quanto ella non si appropria degli attributi di un uomo, ma di quelli di una donna libera quanto un uomo. È un ideale di femminilità diverso da quello tradizionale, e potenzialmente tra-

---

[15] Cfr. Ian Maclean, *op. cit.*, p. 57. La nozione era ben nota a Tasso: «La cura delle facoltà, come dicemmo, s'impiega nella conservazione e nell'accrescimento ed è divisa tra 'l padre e la madre di famiglia, perciochè par così proprio del padre di famiglia l'accrescere come della madre il conservare» (*Dialoghi*, cit., vol. II, tomo I, p. 371).
[16] Bianca CONCOLINO MANCINI, *Travestimenti, inganni e scambi nella commedia del Cinquecento*, «Atti dell'Istituto Veneto di Scienze, Lettere ed Arti», 147, 1988-89, pp. 199-228.

sgressivo, a tentare Erminia. L'appropriarsi delle armi di un individuo dello stesso sesso può ricordare l'azione di Patroclo, che in *Iliade* XVI, 130 e ss., veste le armi di Achille sotto lo sguardo benevolo dell'amico. Il travestimento di Erminia non avrà conseguenze nefaste quanto quello di Patroclo, che finirà ucciso da Ettore, ma scatenerà una serie di fraintendimenti sciocanti per l'eroina, incapace di controllare le false apparenze da lei stessa suscitate. Caduta, dall'alto della torre lontana, al centro dell'azione, divenuta, da sguardo scrutatore, oggetto di odi e amori ugualmente esasperati, Erminia perde ogni controllo sugli eventi, ed il suo cavallo la trascina per tutta la notte ed il giorno seguente, sostituendo la sua volontà. Il suo tentativo di aderire all'ideale di donna rappresentato da Clorinda è risultato in un fallimento. Al termine della folle corsa, giunta al cospetto del pastore, Erminia veste ancora le armi della guerriera (VII, 7), ma ha perso ogni ambizione di superare i limiti imposti al proprio sesso. Si tratta di una prima tappa del processo di educazione dell'eroina attraverso il poema.

4. *Virtù di donna, onore di regina*

Erminia cerca dunque di aderire alle virtù femminili, ma ne è distolta dalle passioni, che traspaiono palesi nel momento in cui, dall'alto della torre, mostra Tancredi ad Aladino:

> «Egli è il prence Tancredi: oh prigioniero
> mio fosse un giorno! e no 'l vorrei già morto:
> vivo il vorrei, perch'in me desse al fero
> desio dolce vendetta alcun conforto».
> [...]
> e fuor n'uscì con le sue voci estreme
> misto un sospir che 'ndarno ella già preme.
> (III, 20)

Questa appassionata e a malapena velata dichiarazione non è in contrasto solo con i tradizionali valori femminili, primo tra tutti la castità, ma anche con il ruolo sociale rivestito da Erminia. Figlia del re di Antiochia, Erminia non ha subito oltraggio alla caduta del regno paterno: grazie a Tancredi, ella «onorata fu, ne la ruina / de l'alta patria sua, come reina» (VI, 56). Erminia ha anche fatto esperienza degli inconvenienti del suo ruolo: quando Tancredi le ha offerto la libertà, ella non ha osato rifiutare, preoccupata della salvaguardia della sua «onestà regal» («l'onestà regal, che mai non debbe / da magnanima donna esser negletta / la costrinse a partirsi» [VI, 58]). L'onestà di Erminia è complicata dalla regalità. È questo un elemento da tenere presente se non si vuole banalizzare la lotta tra Onore e Amore del canto VI considerandola una sorta di revisione e correzione in chiave controriformista dell'inno al piacere contenuto nel coro del I atto dell'*Aminta*. Erminia crede che il suo status debba ispirare tutte le sue azioni, e questo ancora di più una volta che, perso il regno, alla regalità non corrisponde più potere politico, ma solo un atteggiamento, la nozione della propria singolarità ed eccellenza. Tra le immagini che si presentano alla sua coscienza esagitata nel delirio del canto VI compare anche quella di un crudele Tancredi che le rimprovera di aver perso, oltre al regno, l'«animo regio» (72). La regalità di Erminia, insomma, le impedisce di abbandonarsi alle passioni come una volgare ancella. La consapevolezza della sua posizione non abbandona Erminia neanche al cospetto delle «belle tende latine», il cui fascino agli occhi della ex-regina sembra essere per un attimo ispirato anche dalla speranza di poter restaurare, attraverso di esse, il proprio dominio:

> Né già desio di racquistar mi move
> co 'l favor vostro il mio regale onore;
> *quando ciò non avenga*, assai felice
> io mi terrò se 'n voi servir mi lice.
> (VI, 105; corsivo mio)

Anche l'invettiva del pastore contro le «inique corti» assume un significato più preciso qualora si consideri che si svolge in presenza di una regina: una regina, peraltro, talmente convinta della giustezza delle affermazioni del suo interlocutore da abbandonare il travestimento guerriero per indossare altri, provvisori, abiti.

Qualcosa rimane, nella *Liberata*, dell'importanza attribuita nella tradizione epica al corredo dell'individuo (basti pensare al ruolo di Durindana nell'*Innamorato* e nel *Furioso*): spogliarsi dei propri abiti segna una crisi, una ferita dell'identità. Così la nera armatura indossata da Clorinda in XII, 18 invece delle consuete «arme altere» preannuncia la morte imminente, mentre la decisione di Rinaldo di abbandonare le sue armi per quelle di un pagano (XVI, 53) è simbolica del suo tradimento dei valori cristiani. Malgrado in entrambi i casi il travestimento abbia una giustificazione a livello del «recitato», per usare la terminologia di Chiappelli (tanto Clorinda quanto Rinaldo pensano infatti che, senza le rispettive famose insegne, sarà loro più facile passare inosservati), l'abbandono dei propri colori simboleggia una perdita d'identità, è presagio di sconfitta. Il caso di Erminia è più complesso perché nessun vestito sembra adatto a lei, il che sottolinea come il suo carattere sia incerto ed ancora in via di formazione. Il suo primo abito nel poema, simbolo di un'assenza, retaggio di una regalità perduta, è la «pomposa vesta» (VI, 91) che amore la spinge ad abbandonare per l'armatura di Clorinda. Il narratore indugia con caratteristico gusto del paradosso sul contrasto tra la fragile donna e la dura corazza che la ricopre:

> Co 'l durissimo acciar preme ed offende
> il delicato collo e l'aurea chioma,
> e la tenera man lo scudo prende,
> pur troppo grave e insopportabil soma.
> Così tutta di ferro intorno splende,
> e in atto militar se stessa doma.
> Gode Amor, ch'è presente, e tra sé ride,
> come allor già ch'avolse in gonna Alcide.
> (VI, 92)

Nel VII canto, il discorso del pastore ispira una nuova metamorfosi, anch'essa subito rivelata come incongrua:

> La fanciulla regal di rozze spoglie
> s'ammanta, e cinge al crin ruvido velo;
> ma nel moto de gli occhi e de le membra
> non già di boschi abitatrice sembra.
>
> Non copre abito vil la nobil luce
> e quanto è in lei di altero e gentile,
> e fuor la maestà regia traluce
> per gli atti ancor de l'essercizio umile.
> (17-18)[17]

---

[17] «La mascherata pastorale denuncia subito la sua artificiosità, si dimostra di un'estrema, quasi patetica fragilità: ma non già perché sulla semplicità bucolica prevalga l'artificio dell'intelligenza (come accade, in qualche misura, nell'*Aminta*), quanto perché il travestimento non resiste di fronte al fatto che chi lo porta è "fanciulla regal", dotata di "maestà regia", cioè appartiene a quel mondo del potere di cui l'idillio è, qui, davvero l'alternativa» (Giorgio BÀRBERI-SQUAROTTI, *Fine dell'idillio da Dante al Marino*, Genova, Il Melangolo, 1978, p. 182).

Il lettore lascia Erminia in questa nuova fase del suo sviluppo, per ritrovarla solo 12 canti più in là, quando smaschera Vafrino nel campo egiziano, gli rivela i suoi sentimenti per Tancredi e riepiloga le sue peripezie. Nel suo racconto, la dimora del pastore si configura come un nuovo universo chiuso, una «solitaria cella» in cui ha vissuto «cittadina dei boschi e pastorella» (XIX, 98), finché Amore, di nuovo, non l'ha costretta a lasciare quella protetta dimora per avventurarsi nel mondo. Il risultato non è stato incoraggiante neanche questa volta: facile preda degli Egiziani, Erminia è stata condotta al loro accampamento, dove appunto la trova Vafrino. Qualcosa però è cambiato in lei: non mostra alcun desiderio di riconquistare il regno perduto («leve perdita è il regno» [XIX, 92]), ma desidera più che mai Tancredi, e sembra pronta a tutto pur di ritornare al suo fianco. Da regina, Erminia è diventata «ancella» (XIX, 101), come Clorinda nell'apparizione a Tancredi disperato, come Armida all'abbandono di Rinaldo e nell'ultimo incontro col cavaliere. In particolare, il parallelo col destino di Armida è sottolineato dall'ultimo gesto di Erminia nel poema. In marcia verso l'accampamento cristiano, Erminia e Vafrino trovano i corpi di Argante e Tancredi, entrambi, all'apparenza, morti. Sul corpo dell'amato Erminia scioglie il suo lamento funebre in toni non dissimili da quello di Olindo sul rogo, e segnato, come quello, dalla perturbante consonanza di amore e morte. Interrotta bruscamente dal pragmatico Vafrino («Questi non passa: / curisi adunque prima, e poi si piagna» [111]), la donna taglia le sue chiome per farne bende per l'amato. A livello più generale, i capelli sono simbolo della forza di un individuo, ed il loro taglio implica sottomissione e penitenza[18]. Il gesto di Erminia assume però un'importanza più precisa se messo in relazione col concetto rinascimentale della bellezza femminile, come teorizzato, per esempio, da Federico Luigini da Udine:

> Per questi [i capelli] massimamente le donne s'insuperbiscono, e si veggono andare pettorute e gonfie, e di qui nasce la tanta cura che di continuo hanno di loro senza stancarsi mai; ch'esse ancora sanno quanto loro ornamento e quanto abbellimento questi sien loro, delle quali qual che si voglia una, e sia quanto vuol bella, di questi priva, dispiacerà affatto[19].

---

[18] Cfr. *The Herder Symbol Dictionary*, trad. ingl. a cura di Boris Matthews, Wilmette, Illinois, 1987, p. 93.

[19] Federico LUIGINI DA UDINE, *op. cit.*, p. 230. Si veda il precedente della riflessione di Ameto alla vista dei capelli di Diana: «A quelli con intero animo Ameto pensando, conosce i lunghi, biondi e copiosi capelli essere della donna speziale bellezza; de' quali se

Per una donna, tagliarsi i capelli significa sacrificare la propria bellezza e con essa quel tanto di potere che si può sperare di esercitare. Si ricorderà come nel canto XVI Armida avesse offerto a Rinaldo un simile pegno della propria resa, in concomitanza con la prima presentazione di se stessa come ancella:

> Sprezzata ancella, a chi fo più conserva
> di questa chioma, or ch'a te fatta è vile?
> Raccorcierolla: al titolo di serva
> vuo' portamento accompagnar servile.
> (49)

Il sacrificio, in quel caso, viene però scongiurato da Rinaldo, che, consapevole della valenza simbolica del gesto, prega Armida di non segnare con «ignobil fregio» la sua «beltà», il suo «valor», il suo (vero o presunto) «sangue regio» (XVI, 55).

Rinuncia alle proprie prerogative e al proprio orgoglio di casta, completa sottomissione: questi sono i tratti che contraddistinguono l'approdo di Erminia. L'esito delle sue avventure rimane, peraltro, difficile da determinare con precisione.

5. *Un misterioso lieto fine*

Il problema della fine (o per meglio dire della mancata fine) della storia di Erminia e Tancredi è interessante perché conduce ad un nodo cruciale del poema, all'ineludibile dilemma posto dalla sua complessa storia editoriale. La domanda d'obbligo è se la *Liberata* sia mai stata considerata da Tasso qualcosa di più di una brutta copia, di uno studio preparatorio in vista di un superiore poema epico, e se, di conseguenza, la mancata fine dell'episodio di Erminia, al pari di altre «irregolarità» della trama, possa essere attribuita al fatto che il poema, così come lo conosciamo, è ad uno stadio intermedio della sua elaborazione. All'inizio dell'aprile 1575, la *Liberata*, presumibilmente completa, viene letta ad Alfonso II. La pubblicazione dell'opera, però, viene continuamente rimandata, ed è difficile

---

essa Citerea, amata nel cielo, nata nell'onde e nutricata in quelle, bene che d'ogni grazia piena, si vegga di quelli nudata, appena potrà al suo Marte piacere» (Giovanni BOCCACCIO, *Comedia delle Ninfe Fiorentine*, a cura di Antonio Enzo Quaglio, in *Tutte le opere*, cit., p. 707).

Erminia 91

distinguere i veri ostacoli dai pretesti addotti da un poeta insoddisfatto della sua creazione e desideroso di migliorarla. Nella lettera a Luca Scalabrino del 12 marzo 1576, i due elementi vengono combinati:

> La peste di Venezia cresce tuttavia [...] sì che io non posso pensare a la stampa per tre o quattro mesi ancora [...] Ma girino le cose del mondo come piace a chi le governa: io, poiché non vi posso rimediare, mi voglio sforzare di non pensarvi; e ingannando me stesso, voglio sperare che tutti questi impedimenti mi s'attraversino inanzi per mio bene, acciocchè io possa interamente sodisfarmi ne la revisione del libro, e mandarlo poi fuora con maggior mia riputazione. Avendo dunque fatto questa risoluzione, ho deliberato, in conseguenza, di aggiugner non solo quelle cose de le quali v'ho già scritto, ma alcune altre ancora [...][20]

A questa altezza cronologica, gli ostacoli sono dunque considerati una felice opportunità per continuare a lavorare sul poema, in un lavoro di revisione il cui esito coinciderà con la pubblicazione della *Conquistata*. Il problema filologico è dunque quello di determinare «il punto massimo di finitura della *Liberata* prima che si entri nel fermento della *Conquistata*»[21]. L'importanza della questione, nell'analisi del percorso di Erminia, risiede nell'intenzione dell'autore, di fornire alla storia dell'ex-regina una conclusione più esplicita:

> Solo l'amor d'Erminia par che, in un certo modo, abbia felice fine. Io vorrei anco a questo dar un fine buono, e farla non sol far cristiana, ma religiosa monaca. So ch'io non potrò parlar più oltre di lei, di quel c'avea fatto, senza alcun pregiudizio de l'arte; ma pur non mi curo di variar alquanto i termini, e piacer un poco meno a gli intendenti de l'arte, per dispiacer un poco manco a' scrupolosi. Io vorrei dunque aggiunger nel penultimo canto diece stanze, ne le quali si contenesse questa conversione. Vostra Signoria potrà conferire questo mio pensiero con monsignor Silvio e con messer Flaminio: con gli altri no; chè se ne riderebbono: e frattanto penserò con qual modo ciò si possa fare[22].

In questa lettera, indirizzata a Scipione Gonzaga il 24 aprile 1576 (dunque a revisione iniziata), Tasso si dichiara pronto a sacrificare le ragioni dell'arte, che imporrebbero un termine alle avventure di Erminia, a

---

[20] Torquato TASSO, *Le Lettere*, cit., vol. I, p. 136.
[21] Fredi CHIAPPELLI, nella «Nota Editoriale» a p. 37 dell'edizione Rusconi del poema (1982).
[22] Torquato TASSO, *Le Lettere*, cit., vol. I, p. 168.

quelle degli «scrupolosi», che accoglierebbero con animo benevolo una risoluzione religiosa alle vicende dell'errante donzella. Gli «scrupolosi» vengono identificati nelle persone di Flaminio de Nobili e Silvio Antoniano, i revisori più zelanti per quanto concerne la moralità del poema. Tutti gli altri lettori troverebbero la soluzione addirittura ridicola: questa precisazione sembra indicare dei dubbi dell'autore stesso circa la verosimiglianza di una simile trovata, e può aiutare a comprendere l'altrimenti sorprendente parere espresso in un'altra lettera, nove anni più tardi. Si tratta della famosa lettera dei dubbi (a Curzio Ardizio, 25/2/1585), in cui Tasso riprende e confuta le osservazioni e critiche mosse dai suoi lettori all'indirizzo del poema. Una delle perplessità dei lettori riguarda proprio l'episodio conclusivo della storia di Erminia e Tancredi, che sembra lasciare «desiderio di qualche fine, oltra quello che gli dà il poeta [...]». Ecco la risposta di Tasso:

> Rispondendo all'oppositore, io stimo che in questa guisa altri potrebbe dimandare, che avvenisse di Calipso, che di Circe, che di Andromaca, che de la figliuola del re de' Feaci, che di tante persone che sono formate ne l'uno e ne l'altro poema più lodato da' greci, e ne l'Eneide[23].

La replica di Tasso non reca traccia dei dubbi da egli stesso in precedenza nutriti sull'episodio. Nei due esempi tratti dall'*Odissea*, la ninfa Calipso e la maga Circe sono due personaggi che riescono a ritardare il viaggio fatale di Ulisse; nell'*Iliade* Andromaca, sposa di Ettore, compie due brevi ma commoventi apparizioni, prima pregando l'eroe perché non esca in campo aperto, poi piangendo alla vista del corpo dell'amato trascinato nella polvere. Le ragioni addotte per giustificare il mistero che circonda la fine di Erminia sono dunque strettamente letterarie: Erminia viene paragonata a personaggi secondari che, illuminati per un attimo dal fascio di luce emanato dall'eroe, ripiombano nell'oscurità una volta esaurito il proprio compito. Il fatto che gli esempi addotti da Tasso riguardino personaggi femminili potrebbe ispirare qualche considerazione di carattere generale sulle donne nell'epica, ma in questo contesto è una spia significativa di come agli occhi dell'autore non fosse tanto necessario giustificare la mancata fine dell'episodio di Erminia e Tancredi, come indicato nell'anonima obiezione, quanto il misterioso destino della sola Erminia. Il recupero di Tancredi alla causa cristiana è infatti chiaro: dopo essere stato

---

[23] *Ivi*, vol. II, p. 338.

Erminia

traviato dall'amore per Clorinda, che gli provoca una nuova sconfitta nella selva di Saron, l'eroe è attivo e presente nella battaglia finale, protagonista di un nobile atto quando, sebben ferito, si alza dal letto per far scudo all'anziano Raimondo (XX, 83-87). Tancredi viene dunque reintegrato nella sua dignità di guerriero e di cristiano, e la sua guarigione fisica e morale è indubbia. Il destino di Erminia, al contrario, è problematico. Vafrino la lascia in un «albergo chiuso e segreto» (XIX, 119), l'ultimo dei suoi rifugi. Malgrado la difesa di Tasso tendesse a relegare Erminia tra le comparse del poema, già i primi lettori della *Liberata* avvertirono la contraddizione di un destino tanto approssimativo destinato ad un personaggio tanto importante. In realtà Erminia, più di ogni altra creazione della *Liberata*, sembra essere sfuggita di mano al suo creatore. Tanto Clorinda quanto Armida, infatti, giocano un ruolo importante nel distogliere i Cristiani dalla loro missione, mentre Erminia, sempre e suo malgrado soggetto, e non oggetto, d'amore, segue un diverso percorso, tutto individuale: la sua esclamazione al cospetto dell'accampamento cristiano («O belle a gli occhi miei tende latine!» [VI, 104]) ben mostra la sua fondamentale estraneità al tema epico [24].

Date queste premesse, quale fine si poteva immaginare per il personaggio? Nel 1583, Camillo Camilli offrì una sua risposta, nei *Cinque Canti* in cui si preoccupava di elaborare alcuni episodi del poema. Dopo alcune complicate avventure, l'Erminia di Camilli si converte in effetti al Cristianesimo, grazie all'intervento di Tancredi, che continua peraltro a rifiutare il suo amore [25]. Nel 1605, l'*Erminia* di Gabriello Chiabrera fornì un epilogo più drammatico alla storia dell'eroina che, incapace di sopportare il rifiuto di Tancredi, commette suicidio bevendo il succo di erbe velenose [26]. Il fatto che la *Liberata* sia stata variamente «completata» è più interessante dei singoli risultati, il cui valore artistico rimane modesto. Camilli e Chiabrera, con grande libertà, sembrano considerare il poema tassiano come un'«opera aperta» [27] *ante litteram*, che li coinvolge e li spinge a di-

---

[24] Secondo Kristen Olson MURTAUGH, Erminia rappresenta nel poema lo spirito romanzesco, opposto a quello epico (*Erminia Delivered: Notes on Tasso and Romance*, «Quaderni d'Italianistica», 1, 1982, pp. 13-25.
[25] Camillo CAMILLI, *I Cinque Canti*, appendice a Torquato TASSO, *Gierusalemme Liberata*, Ferrara, Giulio Cesare Cagnacini & Fratelli, 1585.
[26] Su questa e altre riprese degli episodi del poema si veda Antonio BELLONI, *Gli epigoni della Gerusalemme Liberata*, Padova, Angelo Draghi, 1893.
[27] Si può interpretare questo elemento come segno della sensibilità barocca: «Se la spiritualità barocca viene vista come la prima chiara manifestazione della cultura e della sensibilità moderna, è perché qui, per la prima volta, l'uomo si sottrae alla consuetudine

ventare, da fruitori, creatori. Alla fine del suo percorso di rielaborazione, Tasso non scriverà il pio epilogo ventilato nel 1576, ma ridurrà Erminia al rango di personaggio secondario. Nella *Conquistata*, la metamorfosi comincia dal nome: alla suggestiva valenza di un nome che nasce con il personaggio si sostituisce l'anodino «Nicea», forse ad indicare la provenienza della donna. La sosta tra i pastori viene omessa, come l'incontro con Vafrino nel campo egiziano e persino l'ultima scena con Tancredi ferito. Grazie a questi interventi, Erminia è effettivamente ridotta ad un personaggio sul cui destino i lettori non si interrogano.

Ma per tornare al personaggio della *Liberata*, è da segnalare come la tentazione di trovare una fine, nascosta tra le righe, alla sua storia, sopravviva anche al giorno d'oggi. Alcuni, senza dubbio influenzati dal desiderio del poeta, vedono nell'«albergo chiuso e segreto» in cui Vafrino lascia la donna un convento [28]. Beatrice Corrigan, al contrario, vede per Erminia e Tancredi un lieto fine matrimoniale [29]. Tuttavia, la coppia non è più vicina alla fine del poema di quanto lo fosse all'inizio: Tancredi ferito non riconosce Erminia, e tutti i suoi pensieri sono cavallerescamente rivolti ad Argante, per cui desidera una degna sepoltura. Invece di imitare gli epigoni della *Liberata* e fornire una conclusione a tutto tondo ad una storia che conclusioni rifiuta, meglio sarebbe lasciare Erminia al suo mistero:

> Per piacere agli Antoniani, il Tasso voleva riabilitare con una fine cattolica la storia di una donna, che aveva violato tutte le apparenze, su cui il cattolicesimo del tempo non transigeva. Quella storia rimase invece troncata. E fu bene. Nel niente a cui arriva, si compie la tragicità di Erminia. Tutto in lei deve essere inutile, rimanere senza adempimento e senza ragione: la sua regalità, il suo amore, la sua offerta, la sua stessa vita [30].

Erminia attraversa tutto il poema alla ricerca di una sua identità, e im-

---

del canonico [...] e si trova di fronte, nell'arte come nella scienza, ad un mondo in movimento che gli richiede atti di invenzione. Le poetiche della *meraviglia*, dell'ingegno, della *metafora*, tendono in fondo, al di là della loro apparenza bizantina, a stabilire questo compito inventivo dell'uomo nuovo, che vede nell'opera d'arte non un oggetto fondato su rapporti palesi da godere come bello, ma un mistero da investigare, un compito da perseguire, uno stimolo alla vivacità dell'immaginazione» (Umberto Eco, *Opera Aperta*, Milano, Bompiani, 1976, p. 39).

[28] È questo il caso di «certi opuscoli ad uso delle scuole medie» cui fa riferimento Larivaille, (*op. cit.*, p. 194).

[29] Beatrice Corrigan, *Erminia and Tancredi: the Happy Ending*, «Italica», 40, 1963, pp. 325-333.

[30] Eugenio Donadoni, *op. cit.*, p. 241.

para attraverso molteplici scacchi a rifiutare i modelli che le vengono offerti. Alla fine del poema la troviamo non guerriera, non regina, ma «ancella errante», pronta a cedere quel che resta del suo orgoglio attraverso il sacrificio della capigliatura. La sua ultima apparizione porta gli echi della conversione di Armida e Clorinda, ed è di fondamentale importanza notare come ciascuna delle tre Pagane venga definita, al termine del suo percorso, «ancella». Tutte e tre rinunciano alle proprie prerogative, ma mentre la seduttrice e la guerriera, «congelate» nei rispettivi ruoli, finiscono sottomesse e convertite, il caso di Erminia è più complesso; mentre la sconfitta delle Pagane minacciose è in perfetta linea col tema epico prescelto, la fine della storia di Erminia – Tasso aveva ragione – non appartiene a questo poema.

V.
L'amore cristiano

1. Le «eccezioni»

È venuto ora il momento di volgere l'attenzione a Sofronia e Gildippe, le eccezioni alla regola che vuole le donne rappresentate solo in campo pagano. Le uniche rappresentanti femminili del mondo cristiano non sembrano prendere parte al conflitto tra i sessi che costituisce la struttura portante del poema. La loro presenza sembra al contrario dimostrare che tale lotta non ha ragione di essere qualora venga meno la differenza religiosa – qualora, cioè, la religione cristiana venga riconosciuta come unica e vera. Si potrebbe anzi sostenere che tanto la relazione tra Sofronia e Olindo, quanto quella tra Gildippe e Odoardo, rappresentino lo stadio ideale cui tendono le storie d'amore tra Rinaldo e Armida, Clorinda e Tancredi, storie che si interrompono bruscamente proprio quando gli ostacoli per una lieta unione sono stati rimossi. L'analisi delle eroine cristiane fornisce allora l'occasione per affrontare una delle novità dell'epica cristiana proposta da Tasso: l'importanza assunta dal matrimonio.

2. Amore, fede e matrimonio

La *Liberata* segna un cambiamento importante nella tradizione epica. La fede cristiana era ovviamente presente nei poemi precedenti, ma non improntava l'intero lavoro, non permetteva di dividere il mondo in due parti. Il bene e il male si distribuivano in maniera uniforme sui due fronti, Cristiani e Pagani potevano anche darsi una mano in certi casi («Oh gran bontà de' cavalieri antiqui!» [*Furioso* I,22]), e le leggi della cavalleria prevalevano su ogni altra considerazione, tanto che Musacchio può affermare che

> l'appartenenza ad una o ad un'altra religione non va al di là, nei romanzi cavallereschi, di una generica lealtà feudale al dio prescelto che è forse ancor più una mascotte che un patrono[1].

L'amore poteva di conseguenza svilupparsi tra persone appartenenti a religioni diverse, senza per questo essere considerato un'immorale distrazione. L'esperienza d'amore era anzi essenziale allo sviluppo del cavaliere, e costituiva un potente incentivo ad imprese memorabili. Nell'*Innamorato*, l'amore «il core accresce alle animose imprese, / né tante prove più mai fece Orlando, / quante nel tempo che de amor se accese» (II, IV, 3)[2]. Amore è

> quel che dà la gloria,
> e che fa l'omo degno ed onorato,
> amore è quel che dona la vittoria,
> e dona ardire al cavalliero armato.
> (II, XVIII, 3)

Nella *Liberata* il quadro cambia drasticamente. A Tasso non interessa la formazione del perfetto cavaliere, ma del soldato di Cristo, che deve abbandonare i tradizionali principi della cavalleria (difesa delle donne e dei deboli, ricerca dell'avventura come mezzo di crescita individuale) per aderire incondizionatamente alla causa. L'amore tra una Pagana e un Cristiano non è più accettabile, in quanto tutte le relazioni devono essere subordinate alla lotta contro gli infedeli. Tanto l'amore di Tancredi per Clorinda, quanto quello di Rinaldo per Armida, sono devianti e pericolosi, e devono essere controllati. Entrambi i cavalieri devono sopportare le conseguenze dei propri errori e dimostrare, nella selva di Saron, di essere in grado di controllare le proprie passioni. La conversione delle eroine pagane suggerisce un nuovo sviluppo: l'amore è ancora possibile, se illuminato dalla grazia di Dio. Armida e Clorinda scompaiono però dal poema subito dopo aver riconosciuto la veridicità della religione cristiana. Il quadro non sarebbe stato completo se Tasso non avesse fornito esempi del vero amo-

---

[1] Enrico MUSACCHIO, *Amore, ragione e follia*, cit., p. 21.
[2] Matteo Maria BOIARDO, *Orlando Innamorato*, a cura di Aldo Scaglione, Torino, UTET, 1966. Tutti i riferimenti sono relativi a questa edizione.

re, di un sentimento che vada al di là del piacere dei sensi per stabilire una completa unione di due anime in Cristo. Questo amore, possibile solo tra i Cristiani, si realizza attraverso il matrimonio, e viene rappresentato nel poema attraverso le eroine cristiane.

Il matrimonio non è certo un tema ricorrente nella letteratura italiana rinascimentale (e forse di tutti i tempi). La tradizione cortese ne aveva sancito l'incompatibilità con l'amore[3], e l'elaborazione stilnovista e petrarchesca si era mossa in direzione di un'estrema idealizzazione e stilizzazione, difficilmente conciliabile con legami istituzionali. Per Dominique Fernandez

> [...] l'amour en Italie est toujours isolé dans l'extase. Brûlant avec l'intensité d'un début absolu, il se révèle incapable de se modifier dans une durée, de s'enrichir par l'expérience, de mûrir sous l'effet du temps [...] Dissocié de la sexualité, du temps, de l'élément périssable qui fait la grandeur et le pathétique d'une aventure humaine, l'amour italien semble un feu destructeur qui n'a pas d'autre prix que la clarté de sa flamme[4].

Il matrimonio, oltre ad implicare un inopportuno contatto fisico, stenderebbe un grigio velo di quotidianità su questo sogno al di fuori dal tempo.

La diffidenza della lirica amorosa per il matrimonio si riflette sull'epica rinascimentale. Il cavaliere è un personaggio dinamico, pronto a passare da un'avventura all'altra. «Ogni strana ventura, / provar si deve, e non aver paura», sintetizza Ruggiero sul finire dell'*Innamorato* (III, VII, 40): la statica natura del matrimonio sembra incompatibile con questa libertà. Il matrimonio attende semmai il cavaliere alla fine del suo percorso, come nel caso di Ruggiero nel *Furioso*: è un segno, più che altro, che l'avventura cavalleresca è finita[5].

---

[3] Tra gli esempi addotti da Andrea Cappellano, quello contenuto nella questione XVII sfiora il paradosso: una donna promette ad un cavaliere che la ama di corrispondere al suo amore qualora venga meno il sentimento che la lega al suo attuale amante. Qualche tempo dopo, la donna si sposa con l'amante, ed il cavaliere si fa avanti per ricevere il pegno della promessa. La donna sostiene però che il matrimonio non ha fatto venir meno l'amore tra lei e l'ex-amante, ora marito. «In questo fatto, così risponde la reina: "Non siamo arditi di contrastare alla sentenzia della contessa di Campagna, la quale sent<entiò> fermamente che amore non può essere tra marito e moglie. Imperciò sí sententiamo che la detta femina dea l'amore che promise» (Andrea CAPPELLANO, *De Amore*, a cura di Graziano Ruffini, Milano, Guanda, 1980, pp. 263-265).

[4] Dominique FERNANDEZ, *Le promeneur amoureux*, Paris, Plon, 1987, p. 209.

[5] Un'eccezione è costituita da Fiordiligi e Brandimarte nell'*Innamorato*. Cfr. Enrico

Il tentativo tassiano di conferire dignità letteraria al tema è pertanto coraggioso e originale. Creando le due coppie cristiane, l'autore della *Liberata* cerca di ricomporre il binomio amore/matrimonio, bandito dalla scena letteraria. Il ritornello «amanti e sposi», ricorrente durante le apparizioni di Gildippe e Odoardo, costituisce nella tradizione epica e cortese poco meno che un ossimoro. Bisogna tuttavia ridimensionare la carica sensuale del termine «amante» del binomio: anche ammettendo l'esistenza, nella *Liberata*, dell'amore tra sposi, questo è certo più vicino all'*agape* che all'*eros*.

L'autorità della Chiesa si affannava a combattere il pericolo che un'unione stabilita ai fini della procreazione sconfinasse nella concupiscenza[6], e Tasso stesso nel *Padre di famiglia* ricorda che «non viene agli abbracciamenti il marito in quel modo stesso che viene l'amante»[7]. Perché la santa unione si instauri, la sensualità deve essere dominata: solo allora la coppia potrà raggiungere una perfetta «medesima comunanza [...] in tutti gli affetti e in tutti gli offici e in tutte le operazioni»[8]. Olindo e Sofronia, e Gildippe e Odoardo, rappresentano allora due fasi nella vita della coppia cristiana, come suggerito da Larivaille:

> [...] l'episodio di Olindo e Sofronia costituisce a modo suo un inno all'amore e al matrimonio cristiano; la visione caso mai drammatizzata ed eroicizzata secondo le esigenze del contesto epico, di uno stadio anteriore a quello rappresentato da Gildippe e Odoardo: lo stadio prematrimoniale, della nascita di un amore propedeutico al matrimonio cristiano[9].

Mentre l'episodio di Olindo e Sofronia mette in evidenza i valori da rispettare per unirsi in matrimonio, Gildippe ed Odoardo mettono in scena il risultato di quel processo, l'unione di due individui in uno.

MUSACCHIO, *Amore, ragione e follia*, cit., p. 102.

[6] «Saint Jérôme qualifie d'"adultère" le mari qui embrasse sa femme avec trop de passion, parce qu'il ne l'aime que pour son plaisir: "Rien n'est plus infâme que d'aimer une épouse comme une maîtresse [...]"». Reprise par saint Thomas d'Aquin et répétée par tous les manuels de confession des XVIe et XVIIe siècles, la réprobation de la passion dans le mariage condamne la femme amoureuse comme l'èpoux trop sensuel» (*Histoire des Femmes en Occident*, a cura di Georges Duby and Michelle Perrot, vol. 3, Paris, Plon, 1991, p. 81). Le coppie di sposi dovevano unirsi solo in maniere considerate lecite, ed astenersi per buona parte dell'anno, secondo un calendario simile a quello adottato da Riccardo di Chinzica in *Decameron* II, 10.

[7] Torquato TASSO, *I Dialoghi*, cit., vol. II, tomo I, p. 360.

[8] *Ivi*, p. 354.

[9] Paul LARIVAILLE, *op. cit.*, p. 176.

L'amore cristiano 101

3. Olindo e Sofronia: prolegomeni alle nozze

Il tema della coppia condotta al rogo dall'amore, e salvata all'ultimo momento da un *deus ex machina*, ha una lunga tradizione. Secondo Armando Balduino, la prima versione si trova in *Floire et Blancheflor*, un poema francese del 1160[10]. Di quasi due secoli posteriore è il primo manoscritto italiano, trascritto tra il 1343 e il 1349, in un arco di tempo molto vicino a quello durante il quale Boccaccio compiva la sua dotta rielaborazione della leggenda nel *Filocolo* (1336-38?), con l'esplicito proposito di sottrarre la leggenda degli amanti ai «fabulosi parlari degli ignoranti» (I, I, 25)[11]. Il dialogo tra Florio e Biancifiore, condannati a morire tra le fiamme dopo essere stati sorpresi insieme in camera dall'ammiraglio innamorato di Biancifiore, si risolve nel cantare in uno scambio di battute, in una gara di generosità incentrata, peraltro, su un particolare al tempo stessso magico e concreto: Florio ha ricevuto dalla madre un anello che protegge dagli elementi, e vuole che Biancifiore lo prenda su di sé, per proteggersi dal fuoco. La donna non vuole però salvare la propria vita a prezzo di quella di Florio:

> [...] Gentil creatura,
> se tue morisi, io non vore' campare:
> la vita mi serebbe forte dura,
> per voi, meser, non mi potre' alegrare;
> ma s'io moro per te, ben son sicura
> che 'n paradiso mi pare' d'andare.
> (130)

I due si abbracciano, beneficiando entrambi del potere dell'anello. Il figlio dell'ammiraglio comparirà al momento opportuno per salvarli.

Nel *Filocolo* l'episodio si dilata, si delineano personaggi non essenziali all'andamento della vicenda, come i malvagi Ircuscomos e Flagrareo, cui Filocolo si rivolge affinché esaudiscano il suo estremo desiderio di fusione con Biancifiore:

> Poi che agli iddii e alla nimica fortuna e a voi piace che noi moriamo, siane

---

[10] Armando BALDUINO, *Cantari del Trecento*, Milano, Marzorati, 1970, pp. 33 e ss.
[11] Giovanni BOCCACCIO, *Filocolo*, a cura di Antonio Enzo Quaglio, in *Tutte le opere*, cit., vol. I, p. 65. Per il problema della priorità cronologica tra il romanzo boccaccesco e il cantare si veda, oltre a BALDUINO, *op. cit.*, Vincenzo CRESCINI, *Due studi riguardanti opere minori del Boccaccio*, Padova, 1882.

concessa in questa ultima ora una sola grazia [...]: piacciavi che, poi che una ora ci toglie, che similmente una medesima fiamma ci consumi. Siano mescolate le nostre ceneri dopo la nostra morte, e le nostre anime insieme se ne vadano. (IV, 131, 3)

È questo il momento più intenso dell'intero episodio: le parole di Filocolo vibrano di una contenuta passione, che si effonde nell'espressione di una volontà in cui gli elementi fisici e quelli spirituali convergono e si completano. Questa misura si perde nel corso dell'episodio, che vede un lungo, inopportuno discorrere tra i due giovani («segno chiaro di immaturità artistica» secondo Getto[12]), nonché l'intervento delle divinità interessate alla loro salvezza.

Con ben altra leggerezza di tocco il tema sarà ripreso in *Decameron* V, 6. Gianni da Procida e Restituta, sorpresi nel giardino di Federico II, vengono trascinati nella piazza principale di Palermo. Il *deus ex machina* è rappresentato da Ruggier de Loria, che riconosce Gianni e intercede per lui. Del *Filocolo* si avverte l'eco nell'unica richiesta del protagonista: come Filocolo aveva espresso un desiderio estremo di comunione con Biancifiore, così Gianni chiede di essere legato a Restituta non schiena contro schiena, ma faccia a faccia, per avere tra le fiamme la consolazione della vista dell'amata. Nella risposta scherzosa di Ruggier da Loria sembra trapeli il sorriso di un autore maturo, volto a prendere le distanze dal giovanile dramma di amore e morte, desideroso di ricondurlo ad una dimensione umana e familiare, ad una prospettiva di quotidianità:

Volentieri io farò sí che tu la vedrai ancor tanto che ti rincrescerà. (V, 6, 35)[13]

Questa novella, e l'immagine dei due amanti condotti al rogo, esercitò un fascino potente sulla fantasia di Tasso, che ne trasse ispirazione per l'episodio di Olindo e Sofronia. Getto ha messo in luce come il tratto principale che segna la distanza tra l'episodio del *Decameron* e la rielaborazione tassiana consiste nel fatto che alla comunione di intenti degli amanti del Boccaccio viene sostituita la dissonanza[14]. Diversi fin dall'ini-

---

[12] Giovanni GETTO, *Vita di forme e forme di vita nel Decameron*, Torino, Petrini, 1958, p. 289. Su Tasso lettore di Boccaccio v. anche Gianvito RESTA, *Nuove immagini del Boccaccio nel Tasso*, «Lettere Italiane», 4, 1957, pp. 357-370.

[13] Giovanni BOCCACCIO, *Decameron*, a cura di Vittore Branca, Torino, Einaudi, 1980.

[14] «I protagonisti della novella, come del resto quelli del *Filocolo*, sono portati al ro-

L'amore cristiano

zio, e con presagi di inconciliabilità, sono i piani su cui si muovono Olindo e Sofronia. La donna è lontana, chiusa in se stessa, come riassunta nell'attributo della verginità che costituisce il tratto dominante della sua descrizione e che la definisce inattingibile, irraggiungibile, estranea:

> Vergine era fra lor di già matura
> verginità, d'alti pensieri e regi,
> d'alta beltà; ma sua beltà non cura,
> o tanto sol quant'onestà se 'n fregi.
> È il suo pregio maggior che tra le mura
> d'angusta casa asconde i suoi gran pregi,
> e de' vagheggiatori ella s'invola
> a le lodi, a gli sguardi, inculta e sola.
>
> (II, 14)

L'insistenza sulla castità di Sofronia rende l'eroina tassiana simile alle vergini esaltate dalla tradizione cristiana. Sebbene la verginità venisse raccomandata ad entrambi i sessi, assumeva nelle donne un valore particolare. L'umanità, dannata da Eva, viene redenta da Maria: l'iconografia dedicata alla Vergine nell'atto di calpestare il serpente illustra la sua funzione in quanto anti-Eva. Inoltre, la verginità offre un modo per rimediare alla maledizione della caduta:

> Theologians like Cyprian (d. 258) and Tertullian and Jerome appeal to women to adopt the virginal life because then they will not have to suffer the consequences of the Fall; they constantly harp on the joys of the single life, without a husband to obey or pregnancies to endure [...] Jerome wrote: «As long as a woman is for birth and children, she is different from man as body is from soul. But when she wishes to serve Christ more than the world, then she will cease to be a woman, and will be called man»[15].

---

go dall'amore, un amore reciproco e goduto: e proprio nel godimento di quest'amore, in cui sono stati sorpresi dal re, è il motivo della loro condanna [...] I personaggi del Tasso sono invece condotti al supplizio non da un identico motivo che li unisca, ma da due differenti ragioni che li dividono: una ascetica e caritatevole volontà di immolazione in favore del popolo cristiano, nella donna; un ardente e non confessato e non ricambiato amore per la donna, in Olindo» (Giovanni GETTO, *Vita di forme*, cit., p. 288).

[15] Marina WARNER, *op. cit.*, p. 73. Cfr. **Histoire des Femmes en Occident*, cit., vol. 3, Paris, Plon, 1991, p. 145: «Aux yeux des Chrétiens primitifs les plus engagés, le rôle de la femme dans la réproduction, son devoir sexuel et ses douleurs durant l'accouchement symbolisait l'esclavage, alors que la virginité pouvait représenter la liberté. Cette conception correspondait aussi à des images immémoriales de la vierge, celle qui opère le passage entre le monde naturel et le monde surnaturel, entre l'intérieur et l'extérieur, entre ce

Se un lettore moderno può analizzare criticamente l'orrore dei padri della chiesa per tutto quello che concerne sessualità e riproduzione, e il disprezzo della donna che a quelle funzioni viene associata, per le prime cristiane quei precetti offrivano una insperata possibilità di emancipazione. I testi apocrifi riportano numerosi resoconti (difficili da verificare storicamente) di donne che decisero di sottrarsi al matrimonio terreno per dedicarsi a Dio. Si tratta di narrazioni altamente codificate, tanto che Virginia Burrus può svolgere su di esse una convincente analisi strutturale di tipo proppiano, isolando una serie di funzioni. La storia tipicamente comprende l'arrivo in città di un apostolo, la sua predica, il voto di castità della donna, i tentativi del marito di farle rompere il voto, l'imprigionamento dell'apostolo, la sua morte o partenza, la persecuzione della donna, la sua vittoria sul marito o sulle autorità (a volte convertiti ma sempre incapaci di persuaderla a venire meno al suo voto) e quindi il riconoscimento del suo diritto a perseverare nella sua decisione[16]. Una variazione a questo schema si trova negli *Acta Pauli et Theclae*, dove Tecla si limita a rompere il suo fidanzamento per seguire l'apostolo, insegnare la parola di Dio e amministrare il battesimo[17].

Le libertà associate a questa scelta sono tali da far passare in secondo piano il sacrificio della sessualità, ammesso che sia storicamente lecito esprimersi in questi termini. Il potenziale trasgressivo della castità non tardò a rivelarsi agli stessi padri della chiesa. Tertulliano in *De Baptismo* XVII, 4-5 si scaglia contro le donne che si arrogano il diritto di amministrare il battesimo, e denuncia come falsa la storia di Tecla: mai Paolo, sostiene Tertulliano, avrebbe concesso alle donne, che voleva silenziose e obbedienti al marito, una simile prerogativa[18]. Joyce Salisbury riporta lo scambio di lettere tra Ecdicia, una ricca matrona che aveva rinunciato ai contatti carnali e convinto il marito a fare lo stesso, e Agostino. Ecdicia aveva evidentemente pensato che il suo voto la dispensasse dall'aderire ai tradizionali doveri femminili nel matrimonio, quali la sottomissione: aveva donato parte del suo patrimonio a predicatori e indossato abiti vedovili, finché il marito, stanco delle vessazioni, aveva trovato un'altra donna. Se

---

qui est à soi et ce qui étranger, entre l'homme et la femme».

[16] Virginia BURRUS, *Chastity as Autonomy. Women in the Stories of Apocryphal Acts*, Lewiston and Queenston, Edwin Mellen Press, 1987.

[17] Cfr. Kerstin ASPERGREN, *The Thecla Figure*, in *The Male Woman. A Feminine Ideal in the Early Church*, a cura di René Kieffer, Stoccolma, Almquist e Wiksell, 1990, pp. 99-114.

[18] *Ivi*, p. 110.

L'amore cristiano

Ecdicia aveva sperato di trovare simpatia in Agostino, aveva fatto male i calcoli: il vescovo si schiera risolutamente dalla parte dell'uomo, e invita la donna ad obbedirgli in tutto e per tutto, pur restando fedele ai propositi di castità[19].

È a questa tradizione di verginità eroica ma in fondo sospetta che appartiene Sofronia. Smettere di essere donna ed essere chiamata uomo, come sintetizza Geremia, significa non solo appropriarsi di prerogative maschili, ma anche possedere presunte qualità virili, come coraggio e disprezzo per la morte, esemplificati nelle cronache del martirio di sante vergini quali Perpetua e Felicita. Superati i limiti del suo sesso, Sofronia è pronta ad affrontare il martirio per la salvezza del suo popolo.

Olindo è modellato su una tradizione ben diversa, quella dell'amante petrarchesco che senza speranza adora una donna irrangiugibile. I suoi «cupidi desiri» contrastano il riserbo della donna, nella contrapposizione risolta peraltro alquanto artificiosamente dal poeta in un paragone che Momigliano trova «logicamente debole»[20]:

> Ei che modesto è sí com'essa è bella,
> brama assai, poco spera, e nulla chiede;
> né sa scoprirsi, o non ardisce; ed ella
> o lo sprezza, o no 'l vede, o non s'avede.
> Cosí fin ora il misero ha servito
> o non visto, o mal noto, o mal gradito.
> (II, 16)

Lo svolgersi della vicenda sviluppa la discrepanza iniziale. Quando i due si ritrovano tergo a tergo, Olindo prorompe nella sua appassionata dichiarazione:

> Quest'è dunque quel laccio ond'io sperai
> teco accoppiarmi in compagnia di vita?
> questo è quel foco ch'io credea ch'i cori
> ne dovesse infiammar d'eguali ardori?
> (II, 34)

> Altre fiamme, altri nodi Amor promise,

---

[19] Joyce E. SALISBURY, *Church Fathers, Independent Virgins*, London, Verso, 1991, pp. 1-2.
[20] Torquato TASSO, *La Gerusalemme liberata*, a cura di Attilio Momigliano, *op. cit.*, p. 24.

altri ce n'apparecchia iniqua sorte.
(35)

La risposta di Sofronia, che, seppur «soavemente», «il ripiglia», contrapponendo alle «altre fiamme» e agli «altri nodi» menzionati da Olindo gli «altri pensieri» e «altri lamenti» richiesti dalla situazione, pone il sigillo alla distanza spirituale tra i due, che si fa tanto più acuta e dolorosa in quanto si sovrappone ad una perturbante vicinanza fisica. Nelle parole di Olindo si avverte una forte carica erotica: l'impeto della passione si sfoga in una tanto accesa quanto frustrante effusione verbale:

> Ed oh mia sorte avventurosa a pieno!
> oh fortunati miei dolci martíri!
> s'impetrarò che, giunto seno a seno,
> l'anima mia ne la tua bocca io spiri;
> e venendo tu meco a un tempo meno,
> in me fuor mandi gli ultimi sospiri.
> (II, 35)

La richiesta è simile a quella espressa da Gianni da Procida, ma il tono è mutato: mentre Gianni formula il suo ultimo desiderio con un tono che Getto definisce «tranquillo [...] coniugalmente pacato»[21], Olindo sfoga i suoi desideri in una violazione, almeno verbale, della non amante amata. Questo gusto per la coincidenza della morte fisica con l'erotica *petite morte* è tema ricorrente nella *Liberata*: il duello tra Clorinda e Tancredi ed il lamento di Erminia su Tancredi, creduto morto, ne forniscono ulteriori eloquenti esempi[22].

Attraverso l'espressione verbale della sua urgente sensualità, Olindo decanta il suo amore dell'elemento erotico, e lo rende degno della benevo-

---

[21] Giovanni GETTO, *Vita di forme*, cit., p. 289.

[22] «Da le pallide labra i freddi baci, / che piú caldi sperai, vuo' pur rapire; / parte torrò di sue ragioni a morte, / baciando queste labbra esangui e smorte [...] / [...] Lecito sia ch'or ti stringa e poi / versi lo spirto mio fra i labri tuoi» (XIX, 107-108). Il gusto per la sovrapposizione Eros/Thanatos non è, ovviamente, prerogativa tassiana: Arnaldo Di Benedetto ricorda il precedente classico di Properzio e svolge un interessante confronto tra il madrigale di Guarini *Tirsi morir volea* e quello tassiano *Nel dolce seno de la bella Clori*. Le corrispondenze tra i due madrigali sono notevoli, e spingono il critico a concludere che «non è forse illegittima illazione avanzare il sospetto di un'antagonistica variazione sullo stesso tema: alla radice del quale è un'intenzionale, ma risolvibile, ambiguità, in bilico tra arguzia e delirante sensualità» (Arnaldo DI BENEDETTO, *Tasso, minori e minimi a Ferrara*, Pisa, Nistri-Lischi, 1970, p. 80).

L'amore cristiano 107

la accettazione da parte di Sofronia. L'episodio dovrebbe fungere da semplice preludio alla nascita del vero amore, ma la conclusione risulta forzata, meccanica:

> Cosí furon disciolti. Aventuroso
> ben veramente fu d'Olindo il fato,
> ch'atto poté mostrar che 'n generoso
> petto al fine ha d'amor destato.
> Va dal rogo alle nozze; ed è già sposo
> fatto di reo, non pur d'amante amato.
> Volse con lei morire: ella non schiva,
> poi che seco non muor, che seco viva.
> (53)

Dal rogo della passione, Olindo passa alle sante nozze. L'immagine della corresponsione del sentimento da parte di Sofronia si risolve freddamente in un paio di bisticci («d'amore amor destato», «d'amante amato»), che non cancellano l'iniziale riserbo. Persino la decisione di accettare Olindo con sé si esprime attraverso una litote: «ella non schiva» che il giovane le rimanga vicino. Qualcosa rimane in Sofronia della vergine degli apocrifi, per cui l'amore terreno è privo di valore. Ci si potrebbe anzi chiedere se il matrimonio non sia, per lei, una punizione, e per l'autore un modo di esorcizzare il fantasma, opportunamente cristianizzato, della verginità potente e indipendente di Diana. In questa prospettiva, la dialettica tra i sessi che sottende il poema viene prepotentemente alla luce e scardina la narrazione ufficiale, il «recitato», le divisioni in base a criteri religiosi. Non solo le donne pagane vengono convertite, ma la stessa Sofronia deve sottoporsi ad un processo di educazione che elimini ogni sospetto di utilizzazione strumentale della fede ai fini di una liberazione individuale. Allo stesso modo Gildippe, nell'unica circostanza che la vede agire senza il consorte, viene collegata in maniera esplicita a Clorinda. Si tratta dell'episodio che vede la guerriera pagana seminare strage tra i nemici:

> Mentre così l'indomita guerriera
> le squadre d'Occidente apre e flagella,
> non fa d'incontra a lei Gildippe altera
> de' saracini suoi strage men fella.
> Era il sesso il medesmo, e simil era
> l'ardimento e 'l valore in questa e in quella.
> Ma far prova di lor non è lor dato,

ch'a nemico maggior le serba il fato.
(IX, 71)

È il narratore stesso, dunque, a segnalare la presenza di percorsi alternativi a quelli stabiliti dall'appartenenza religiosa. Gildippe e Clorinda hanno in comune l'una con l'altra più di quanto non abbiano con i rispettivi commilitoni. Si noterà tra l'altro come le ferite inferte da Gildippe in XX, 32-34 posseggano la stessa sanguinolenta precisione che aveva caratterizzato i colpi recati da Clorinda in IX, 68-70 (cioè subito prima del passo citato, che paragona le due). All'elogio delle loro prodezze segue poi un'anticipazione, il riconoscimento della loro inferiorità (« [...] far prova di lor non è lor dato, / ch'a nemico maggior le serba il fato»), in perfetta sintonia col trattamento ambiguo riservato alle guerriere dalla tradizione cavalleresca. Clorinda e Gildippe saranno dunque uccise entrambe, ed entrambe da un uomo: al di là dell'appartenenza religiosa, il destino delle donne del poema disegna sorprendenti percorsi paralleli[23].

4. *I precetti di Macone*

Numerose lettere tassiane testimoniano dei dubbi sollevati dai revisori a proposito di questo episodio, da essi giudicato «troppo vago» e «troppo tosto introdotto»; la risoluzione, poi, sembrava «per machina»[24]. La sicurezza del poeta, che aveva dichiarato in un primo momento di voler «indulgere *genio et principi*»[25], si incrina davanti ad una nuova obiezione: l'episodio, infatti, viene trovato «non fortemente connesso»[26]. Questa osservazione, a differenza delle altre, riguarda un dubbio da egli stesso nu-

---

[23] «Più ancora dell'amore, il motore di ognuna delle storie femminili del poema è quello dell'umiliazione della donna: si tratti di un'intrusione nel campo maschile della guerra (Gildippe, Clorinda, Erminia con la corazza di Clorinda, Armida), o di un comportamento variamente «forte» di fronte all'amore (indifferenza di Sofronia e Clorinda; asservimento degli uomini da parte di Armida), ogni tentativo delle donne di equipararsi all'uomo, o di invertire e intaccare in qualche modo il rapporto da inferiore a superiore intercorrente tra loro e gli uomini, è considerato una trasgressione della natura femminile e immancabilmente destinato a fallire» (Paul LARIVAILLE, *op. cit.*, p. 209). Sul parallelo tra Gildippe e Clorinda cfr. Maggie GÜNSBERG, *Donna liberata? The Portrayal of Women in Italian Renaissance Epic*, «The Italianist», 7, 1987, p. 20.
[24] Torquato TASSO, *Le lettere*, cit., vol. I, p. 81.
[25] *Ivi*, p. 63.
[26] *Ivi*, p. 81.

L'amore cristiano

trito. Nelle lettere seguenti Tasso esprime pareri contrastanti: il 12 marzo 1576 comunica a Luca Scalabrino l'intenzione di aggiungere all'episodio otto o dieci stanze che lo rendano «più connesso»[27]; il 3 aprile, riepilogando le riserve espresse dai revisori, annuncia a Scipione Gonzaga di aver «condennato con irrevocabil sentenza a morte l'episodio di Sofronia»[28]; il 3 maggio ha cambiato idea, ed in una nuova lettera a Luca Scalabrino si mostra risoluto a lasciare l'episodio, pur sottoponendolo a qualche modifica che lo renda accettabile ai censori[29]. Nella *Conquistata*, com'è noto, non resta traccia degli amanti al rogo. Quanto «vago» sia l'episodio, si è già detto; la scarsa «connessione» con la vicenda epica è indiscutibile, e lo avvicina ad un altro episodio sacrificato nella *Conquistata*, quello di Erminia tra i pastori. Riguardo il finale, però, il problema non è tanto, o almeno non solo, nel suo essere «per machina», ma nella sua approssimazione e parzialità. L'apparizione di Sofronia, infatti, aveva avuto una complessa preparazione: su suggerimento di Ismeno, Aladino aveva fatto trafugare un'immagine sacra dal tempio cristiano, per riporla nella moschea. Nelle intenzioni del mago, l'oggetto sacro, profanato dalle sue formule e custodito nel tempio, doveva garantire l'inespugnabilità di Gerusalemme. L'indomani, l'immagine era sparita dalla moschea. Su questa trama, di carattere epico-religioso, si innesta poi l'episodio lirico-erotico di Olindo e Sofronia, che si accampa sulla scena e prende tutta l'attenzione dell'autore e dei lettori, tanto da causare una curiosa «svista». Infatti, preso a narrare le vicessitudini dei due, il narratore «dimentica» di rivelare l'autore del furto[30], privando così la trama epica di una conclusione adeguata. Si tratta di una di quelle incongruenze che ben esemplificano il concetto di *vis abdita* introdotto da Chiappelli. Le implicazioni a livello ideologico sono considerevoli, in quanto Clorinda, nel perorare la causa dei due di fronte ad Aladino, aveva fondato il suo abile discorso su un preciso ele-

---

[27] *Ivi*, pp. 138-139.
[28] *Ivi*, p. 153.
[29] *Ivi*, p. 173.
[30] L'«incerta fama» non aveva infatti chiarito se il furto fosse da considerarsi evento miracoloso o azione di un fedele (II, 9). Gli argomenti di Sofronia sono chiaramente menzogneri («Magnanima menzogna, or quand'è il vero / sì bello che si possa a te preporre?»), mentre l'autoaccusa di Olindo sembra ispirata dall'amore («Ahi! tanto amò la non amante amata» [II, 28]). Del tutto innocente è Olindo agli occhi di Sofronia («A che ne vieni, o misero *innocente*?» [II, 30; corsivo mio]), un po' meno a quelli di Francesco Erspamer che di lui sospetta fortemente ma ammette di non aver trovato «sufficienti indizi di colpevolezza» (*Il pensiero debole di Torquato Tasso*, in *La menzogna*, a cura di Franco Cardini, Firenze, Ponte alle Grazie, 1989, p. 125).

mento dottrinale: ribaltando le voci corse tra i Cristiani, che volevano il loro Dio autore del furto, la guerriera attribuiva la scomparsa dell'immagine ad un miracolo di «Macone», sdegnato per la contaminazione di riti di cui Ismeno ed Aladino si erano resi colpevoli. Se il precetto musulmano proibisce l'adorazione degli oggetti sacri, sostiene Clorinda, a maggior ragione sarà da condannare la custodia, nel proprio tempio, degli idoli altrui. È questo l'unico passo, nel poema, in cui il campo «pagano» si definisce come un'entità religiosamente definita, con le sue verità e i suoi precetti da opporre a quelli cristiani, ed è stupefacente che nessuna smentita si levi a confutare l'ipotesi di Clorinda. Al termine dell'episodio, insomma, il lettore non è chiamato solo a testimone delle felici, ancorché macchinose, nozze di Olindo e Sofronia, ma anche di un caso in cui di «Macone» sembra lecito sospettare non solo l'esistenza, ma anche la capacità di compiere miracoli[31].

Completata la loro parabola, Olindo e Sofronia scompaiono dal poema, lasciando campo libero ai personaggi incaricati di rappresentare il risultato del processo di educazione che conduce al matrimonio cristiano: superato il rogo della passione, la coppia cristiana si trasforma in una coppia di sposi.

5. *Gildippe e Odoardo: non duo, sed una caro*

La tradizione letteraria non era la sola a guardare con diffidenza all'amore istituzionalizzato: persino l'atteggiamento della Chiesa fu, per lungo tempo, ambiguo. Cristo dopo tutto era nato da vergine e visse da scapolo: il celibato dunque appariva come l'unica autentica *imitatio Christi*, mentre il matrimonio era un'alternativa inferiore, concessa a chi non era in grado di controllare la concupiscenza[32]. Il compromesso cristiano si espresse nel

---

[31] Questo aspetto è tanto più sorprendente se si considera che l'adorazione delle immagini era stata sottoposta a severe critiche da parte della Riforma. Il precetto espresso da Clorinda, insomma, non è solo islamico, ma anche protestante. Cfr. Laura BENEDETTI, *La «vis abdita» della «Liberata» e i suoi esiti nella «Conquistata»*, «Lingua e stile», 2, 1995, pp. 465-477.

[32] «Nouvelle expression de l'interdit sexual présent au coeur de tant de religions, la virginité chrétienne en offre une formule originale. D'exceptionnelle qu'elle était, elle devient désiderable pour tout chrétien, parce qu'elle est prise pour le modèle de la perfection chrétienne. De temporaire elle devient définitive. Au niveau théorique, la virginité fait de l'éthique chrétienne un système éminemment restrictif en matière de sexualité et étonnemment pessimiste à l'égard du mariage» (Marie-Odile MÉTRAL, *Le mariage. Les*

paolino «melius nubere quam uri» (*Prima Lettera ai Corinzi*, 7, 9), concessione perlomeno cauta.

Il concilio di Trento garantì al matrimonio uno status più positivo. Fronteggiata dalla Riforma negatrice di tutti i sacramenti a parte il battesimo e l'eucarestia, minacciata nella sua attività di controllo dalla pratica sempre più frequente dei matrimoni clandestini, la chiesa optò per un drastico giro di vite, insistendo sul valore sacramentale del matrimonio. Superate le incertezze e la ripugnanza a santificare dei contatti sessuali, la chiesa si arrogava dunque completo potere sull'istituzione[33], la cui fondazione veniva fatta risalire ai testi sacri:

> Matrimonii perpetuum inviolabilemque nexum primus humani generis parens divini Spiritus instinctu pronuntiavit, cum dixit: *Hoc nunc os ex ossibus meis, et caro ex carne mea. Quamobrem relinquet homo patrem suum et matrem, et adhaerebit uxori suae, et erunt duo in carne una.*
> Hoc autem vinculo duos tantummodo copulari et coniungi, Christus Dominus apertius docuit, cum postrema illa verba tamquam a Deo probata referens dixit: *Itaque iam non sunt duo, sed una caro*, statimque eiusdem nexus firmitatem ab Adamo tanto ante pronuntiatam his verbis confirmavit: *Quod Deus coniunxit, homo non separet*[34].

Nella creazione della sua coppia di sposi, Tasso appare dunque in perfetta sintonia con la rivalutazione del matrimonio promossa dal concilio di Trento. Il matrimonio è il sacramento attraverso cui due individui diventano uno («duo in carne una», «non [...] duo, sed una caro»): la comunanza di Gildippe e Odoardo ben esemplifica il precetto.

Gildippe è nominata cinque volte nel poema. Nelle prime tre circo-

---

hésitations de l'Occident, Paris, Aubier-Montaigne, 1977, p. 24). Sulla prospettiva escatologica della verginità cristiana si veda Carlo TIBILETTI, *Verginità e matrimonio in antichi scrittori cristiani*, Roma, Giorgio Bretschneider, 1983.

[33] Cfr. ANDRÉ DUVAL, *Les sacrements au Concile de Trente*, Paris, Les Editions du Cerf, 1985, pp. 294-295: «Dire que le Christ a institué un sacrement du mariage, source de grâce (= canon 1), c'est en même temps désigner un domaine original dans lequel s'exerce la *potesta ecclesiae* [...] Sans doute les prétensions régalistes et laicistes sont déjà en germe, dans certaines dénegations de Luther, et les anathèmes portés contre ce dernier par l'ensemble des canons de la Session XXIV fourniront les armes aux papes du XIXe siècle pour condamner la volonté des pouvoirs civils d'arracher le mariage à la volonté de l'Eglise».

[34] *Concilium Tridentinum. Diariorum, actorum, epistularum, tractatuum. Nova collectio*, Tomus Nonus Actorum Pars Sexta, Friburgi Brisgoviae MCMXXIX, Herder & Co., Typographi editores Pontificii, p. 888.

stanze è presentata insieme con il marito, tra gruppi di guerrieri, al risuonare del ritornello «amanti e sposi» (I, 56; III, 40; VII, 67). In IX, 71, l'autore svolge il parallelo tra la guerriera cristiana e Clorinda, ed è questo il solo caso in cui Gildippe compare senza il consorte. Nel canto XX, le è riservato ancora spazio per prodezze individuali, ma subito Odoardo compare al suo fianco, ed i due combattono come se fossero una sola persona. La loro morte, annunciata fin dalla loro prima apparizione nel poema, è ora imminente. Solimano ferisce mortalmente Gildippe, dopo aver degradato la sua relazione con Odoardo («Ecco la putta e il drudo» [95]). Il disperato tentativo del cavaliere cristiano di correre in soccorso della consorte gli costa la vita. L'ultima scena allude al passaggio dalle nozze terrene a quelle celesti. La perfetta unità della coppia persino nei momenti estremi («e si cela in un punto ad ambi il die, / e congiunte se 'n van l'anime pie» [100]) corrisponde alla profezia che aveva segnato il loro primo apparire in I, 56 («o ne la guerra anco consorti, / non sarete disgiunti ancor che morti»). Walter Stephens opportunamente sottolinea come Gildippe e Odoardo incarnino l'ideale del matrimonio come enunciato da San Paolo, ma risulta meno convincente quando insiste sul valore letterale, e non metaforico, dell'espressione paolina «duo in carne una»[35]. La questione non è irrilevante, perché ignorando il valore metaforico del passo biblico si perde di vista l'aspetto più radicale della rielaborazione tassiana, vale a dire la letteralizzazione della metafora. Tasso non si limita a ripetere una concezione del matrimonio, ma la concretizza, dando la prova di un'immaginazione già barocca.

Ne *I limiti dell'interpretazione*, Umberto Eco si sofferma sui meccanismi che regolano la produzione e la fruizione delle metafore. La prima condizione perchè un enunciato, per esempio «Achille è un leone», sia interpretato metaforicamente, è che il destinatario ne riconosca l'assurdità letterale. Ma non basta: una volta accettata l'interpretazione metaforica, dell'implicito secondo termine di paragone si dovranno ritenere solo alcune proprietà, e non altre. Il processo non è sempre lineare, e persino in un caso semplice la decodificazione dipende dal contesto: evitando per comodità l'interpretazione letterale (in linea di principio non impossibile, poniamo il caso nel resoconto di una visita allo zoo), in una situazione data la frase «Achille è un leone» potrà significare «Achille ha una folta

---

[35] Walter STEPHENS, *op. cit.*, pp. 178-185. Malgrado questa curiosa insistenza, le osservazioni di Stephens sulla letteralizzazione della metafora rappresentata nella coppia cristiana sono estremamente pertinenti, ed hanno fornito più di uno spunto a questa analisi.

chioma, simile alla criniera di un leone» o «Achille ha un coraggio da leone», o persino «Achille ha una voce che incute terrore, come il ruggito di un leone». Il contesto, insomma, è indispensabile alla comprensione di una metafora che non sia divenuta una catacresi.

I poeti barocchi si distinguono per un uso particolare, concettoso e letteralizzante, delle metafore, messo in luce nel commento di Eco alla settima lettera d'amore di Cyrano de Bergerac:

> [...] l'amante dice di aver donato il suo cuore alla dama (prima metafora, ovvero metonimia); poi domanda alla dama di renderglielo, ovvero di rendergli, al posto del suo, quello di lei. E pazienza: il gioco retorico si regge ancora. Infine, il passo falso: «Je vous conjure [...] puisque pour vivre vous n'avez pas besoin de deux coeurs, de m'envoyer le votre [...]» La figura è stata presa alla lettera, e ne nasce la grottesca immagine dell'amata fornita – barocco trapianto – di due muscoli cardiaci[36].

La letteralizzazione della metafora non nasce col barocco[37], ma certo conobbe allora la sua più splendida stagione. La *Liberata* mostra qua e là i segni di un tale gusto: Chiappelli, nelle sue note al testo del poema, mette in risalto come le fiamme e i nodi metaforici di cui Olindo aveva sognato si materializzino nelle corde che li legano e nel fuoco che sta per arderli («altre fiamme, altri nodi Amor promise, / altri ce n'apparecchia iniqua sorte» [II, 34]). Lo stesso procedimento sottende la descrizione delle avventure di Gildippe e Odoardo. La metafora paolina è sottintesa nella prima presentazione della coppia («[...] o ne la guerra anco consorti, non sarete disgiunti ancor che morti!» [I, 56]), e viene percepita come «rilevante ed informativa»[38] in quanto mette al corrente il lettore di come la

---

[36] Umberto Eco, *I limiti dell'interpretazione*, Milano, Bompiani, 1990 p. 198. Un precedente tentativo, da parte di Eco, di spiegare i diversi effetti delle metafore è contenuto in *Semantica della metafora*, in *Le forme del contenuto*, Milano, Bompiani, 1971, pp. 95-125.

[37] Per un'analisi del procedimento nel mondo classico v. Elena Rossi, *Una metafora presa alla lettera: le membra lacerate della famiglia. «Tieste» di Seneca e i rifacimenti moderni*, Pisa, Ets, 1989, in particolare pp. 95-96; per un esempio medievale v. la lettura della novella di Tancredi e Ghismonda (*Decameron* IV, 1) proposta da Pier Massimo Forni in *Forme complesse del «Decameron»*, Firenze, Olschki, 1992, pp. 77-79.

[38] «Le metafore vengono comprese con facilità quando la classificazione creata ex novo viene percepita come rilevante e informativa» (Sam Glucksberg e Boaz Keysar, *La comprensione delle comparazioni metaforiche: oltre la somiglianza*, in **Teorie della metafora. L'acquisizione, la comprensione e l'uso del linguaggio figurato*, a cura di Cristina Cacciari, Milano, Cortina, 1991, p. 198).

volontà di Gildippe e quella di Odoardo coincidano, *come se i due fossero una sola persona*. In seguito, però, Tasso fornisce dettagli che suggeriscono un'interpretazione letterale dell'unione, e si comporta come se trovasse necessario rispondere ad implicite interrogazioni retoriche sulle modalità della fusione. Visto che i due sono uno, cosa accadrà se l'uno o l'altro viene ferito?

> Colpo che ad un sol noccia unqua non scende,
> ma indiviso è il dolor d'ogni ferita;
> e spesso è l'un ferito, e l'altro langue,
> e versa l'alma quel, se questa il sangue.
> (I, 57)

Come combatteranno un nemico comune?

> Ribatte i colpi la guerriera ardita
> che vengono al suo caro aspri e molesti;
> egli a l'arme a lei dritte oppon lo scudo:
> v'opporria, s'uopo fosse, il capo ignudo.
> (XX, 36)
> Propria l'altrui difesa, e propria face
> l'uno e l'altro di lor l'altrui vendetta.
> (37)

La relazione tra i due viene indebolita da questa insistenza sull'unità. Già sposati alla loro prima apparizione nel poema, sembrano essere insieme per fatalità, non per scelta; al posto di due individui che si amano, i bisticci tassiani creano una strana creatura bicefala, in lotta per la sua sopravvivenza.

Tasso non ha lasciato tracce di un'intensa meditazione sui questi due personaggi, a differenza di quanto avvenuto per Olindo e Sofronia. L'unico riscontro nelle sue lettere riguarda la base storica della sua creazione[39]. È pertanto impossibile stabilire cosa lo ha spinto ad eliminare dalla *Conquistata* l'episodio finale della storia dei due, il loro assassinio per mano di Solimano. L'omissione, che coinvolge la trasposizione in cielo del matrimonio terreno, limita fortemente l'importanza della coppia.

Le coppie cristiane costituiscono un tentativo coraggioso, dall'esito

---

[39] «È scritto parimente, c'Odoardo, barone inglese, accompagnato da la moglie che tenerissimamente l'amava, passò a questa impresa, ed insieme vi morirono» (Torquato TASSO, *Le lettere*, cit., vol. I, p. 145).

L'amore cristiano

problematico, di ricomporre il binomio amore-matrimonio disprezzato dalla lirica amorosa, trascurato dalla tradizione cavalleresca e guardato con sospetto persino dalla chiesa. Gildippe e Sofronia sono intimamente legate a questa celebrazione del matrimonio, sono chiamate a rappresentare, insieme con i loro compagni, la relazione ideale. Il poema prospetta dunque una soluzione al conflitto tra i sessi, nella forma del matrimonio cristiano: attraverso questa istituzione uomini e donne possono trovare un terreno comune, e l'amore stesso perde le sue caratteristiche nefaste. Ma Tasso sembra incapace di concepire un amore felice, ricambiato, svincolato dalle distruttive dinamiche di antagonismo, dominazione, potere, che contraddistinguono i suoi più famosi amanti. Nel caso delle coppie cristiane, il tentativo di realizzare delle unioni armoniose non regge la transizione dal mondo dell'ideologia a quello artistico: la conclusione – pacificante a livello lirico, ambigua a livello dottrinale – del romanzo di Olindo e Sofronia priva i personaggi di individualità per renderli conformi al ruolo che sono chiamati a rappresentare, e una straordinaria profusione d'immaginario barocco non riesce ad animare una costruzione fredda e calcolata come quella degli «amanti e sposi». Una soluzione pacifica del conflitto tra i sessi rimane, malgrado tutto, un'irraggiungibile chimera.

VI.
La sconfitta di Diana

1. *I percorsi del male*

In apertura del III canto l'armata cristiana, già riunita sotto il comando di Goffredo, giunge in vista della città santa. È un momento di intensa commozione:

> Ali ha ciascuno al core ed ali al piede
> né del suo ratto andar però si accorge;
> ma quando il sol gli aridi campi fiede
> con raggi assai ferventi e in lato sorge,
> ecco apparir Gierusalem si vede,
> ecco additar Gierusalem si scorge,
> ecco da mille voci unitamente
> Gierusalemme salutar si sente.
> (III, 3)

Goffredo dispone strategicamente il suo esercito intorno alla città, organizza la costruzione delle macchine da guerra. Tutto sembra pronto per un imminente, e decisivo, assalto. Ma all'inizio del IV canto il «gran nemico dell'umane genti» (1) prepara la controffensiva: se Dio aveva volto benevolo il suo sguardo sui Cristiani in I, 7, ora è Satana a chiamare a raccolta le sue truppe. L'Islam viene così degradato a rappresentare non una religione ma l'assenza di essa, il Male. Nessun compromesso sembra possibile: due entità soprannaturali si contendono il dominio, e ogni personaggio deve decidere da quale parte schierarsi. Aderire alla Cristianità implica una totale dedizione alla causa della conquista di Gerusalemme, mentre abbandonarsi ai propri istinti conduce ad una sconfitta sicura, le cui conseguenze possono essere tragiche. Malgrado questa prima presentazione dei due poteri in lotta per Gerusalemme e per il mondo sembri riposare su una nozione di tipo dualistico-manichea, le dinamiche narrative del male nella *Liberata* sono piuttosto ispirate dalla concezione agostiniana del male come *privatio boni* o, ancora meglio, come diversione, distrazione, colpevole volgersi da un bene superiore ad uno inferiore[1]. Lo stesso Agostino aveva tradotto in una metafora spaziale questo principio morale: si erra quando si abbandona il cammino della vita che conduce alla beatitudine (*De libero arbitrio* II, 9, 26). Questa nozione, filtrata dall'esempio della *Commedia*, è centrale nella *Liberata*, dove ispira il fenomeno dell'erranza: l'armata cristiana è in marcia verso Gerusalemme, e ogni interruzione del cammino verso la felicità civile, immagine della felicità celeste, è male[2]. Preferire alla città santa la propria cittadella di passioni è un colpevole abbandono della retta via che conduce alla salvezza[3].

Una considerazione più specifica delle caratteristiche della diversione – e quindi del male – nella *Liberata* può partire da una dichiarazione dell'autore, che sottolinea come dal IV canto, «come da fonte, derivano tutti gli episodi»[4]. L'origine delle digressioni è quindi fatta risalire all'arrivo, nel campo cristiano, di Armida, la maga che suscita desideri, gelosie e rivalità, spinge i crociati a sfidare l'autorità del capitano, ne conduce molti via con sé. Anche lo scontro che provoca la morte di Gernando e la successiva partenza di Rinaldo si svolge durante la permanenza di Armida nell'accampamento, quando l'armonia tra i crociati si è incrinata.

Solo Tancredi è invulnerabile al fascino di Armida: la sua diversione dalla causa comune consiste nel suo amore per Clorinda. Indirettamente, la guerriera causa anche la cattura di Tancredi da parte della maga. All'udire che colei che crede Clorinda (ed è in realtà Erminia) è inseguita da due crociati, Tancredi si precipita in suo soccorso, e finisce anch'egli prigioniero di Armida.

---

[1] Si veda ad esempio la spiegazione del peccato degli angeli ribelli in *De civitate Dei* XII, 6.

[2] Il paragone con la *Commedia* è suggestivo: le fiere che sbarrano a Dante la salita al monte del purgatorio lo costringono ad un «altro viaggio», ad attraversare l'inferno, per ritornare poi a tentare l'ascesa: l'inferno costituisce dunque una necessaria digressione morale e narrativa.

[3] In *De civitate Dei* XIV, 28 si accenna a due città, fondate da due amori diversi: «Fecerunt itaque civitates duas amores duo, terrenam scilicet amor sui usque ad contemptum Dei, Caelestem vero amor Dei usque ad contemptum sui».

[4] Torquato TASSO, *Le lettere*, cit., vol. I, p. 205.

Il fattore principale di distrazione è dunque costituito dall'azione delle donne pagane. Il male, nella *Liberata*, è rappresentato dalle donne e dal principio simbolico femminile che abita la foresta di Saron[5]. L'idea della donna come incarnazione del male, e del male come risultato delle azioni delle donne, ha goduto di ampia fortuna nella tradizione giudeo-cristiana. Il mito della cacciata dal paradiso terrestre implica un'innata propensione umana alla disobbedienza e al male, ma costituisce anche il tentativo, da parte dell'uomo, di attribuire la propria colpa all'Altro[6] o più precisamente all'Altra. L'esempio del peccato di Eva viene spesso usato nei trattati rinascimentali a corroborare l'argomento dell'inferiorità femminile. Malgrado le occasionali giustificazioni tese a sminuire la colpa di Eva (che, meno intelligente di Adamo, era per natura più facilmente vittima di inganni[7]), a lei in ultima analisi viene attribuita la responsabilità della caduta: la donna è il mezzo attraverso cui il diavolo è riuscito a fare il suo ingresso nel mondo, la «ianua diaboli», come eloquentemente sostenuto da Tertulliano (*De cultu feminarum*, I, 1)[8]. Al successo riportato dall'espressione attraverso i secoli non è certo estranea l'allusione oscena in essa contenuta, a sua volta in relazione con la cosiddetta teoria di Beverland, secondo la quale il peccato della prima coppia fu di natura sessuale[9]. Le conseguenze sono rilevanti: se la colpa di Eva è quella di evocare la concupiscenza di Adamo, il disprezzo per le donne si radica nell'attrazione stessa da esse esercitata sull'uomo: la misoginia del-

---

[5] Richard SÀEZ sfiora questo aspetto quando sostiene che «Tasso's central theme in *Gerusalemme liberata* is the theodical justification of evil, hostilities, war – everything the external person of Clorinda represents» (*Theodicy in Baroque Literature*, New York e Londra, Garland Publishing, Inc., 1985, p. 22). L'approccio è interessante, ma Sàez non spiega perché egli consideri proprio Clorinda, e non, poniamo, Argante, quale incarnazione del male, delle ostilità, della guerra.

[6] «[...] the myth [of the Fall] takes on cosmic proportions since the male's viewpoint is metamorphosed into God's viewpoint. It amounts to a cosmic false naming. It misnames the mystery of evil, casting it into the distorted mold of the myth of feminine evil. In this way images and conceptualizations about evil are thrown out of focus and its deepest dimensions are not really confronted» (Mary DALY, *Beyond God the Father*, Boston, MA, Beacon Press, 1986, p. 47).

[7] Si veda ad esempio il dialogo tra Ludovico Foscareno e Isotta Nogarola in *De pari aut impari Evae atque Adae peccato*, in *Isotae Nogarolae Veronensis Opera*, cit., pp 187 e ss.

[8] Cfr. Ian MACLEAN, *op. cit.*, p. 15.

[9] Antonello GERBI, *Il peccato di Adamo ed Eva. Storia della ipotesi di Beverland*, Milano, Società Editrice «La Cultura», 1933. Cfr. Arturo GRAF, *Il mito del paradiso terrestre*, Roma, Manilo Basaia, 1982, p. 108.

la tradizione giudeo-cristiana diventa allora il segno di una problematica relazione con la sessualità, considerata responsabile dell'introduzione nel mondo del decadimento e della morte[10]. Viene dunque riprodotto una sorta di manicheismo in scala ridotta, in cui la donna viene trasfigurata in un Altro minaccioso, appartenente ad un mondo di istinti in cui l'uomo rischia costantemente di essere trascinato[11]. Un esempio di quest'associazione donna-sessualità-colpevolezza si riscontra in un trattatello di Giovanni Battista Modio, *Il Convito, overo del peso della moglie*, pubblicato a Roma nel 1554:

> [...] se si togliesse moglie solamente per soddisfare agli appetiti di Venere, non credo che nessuno vi si riducesse giammai; conciosiacosaché l'atto è in sé tanto brutto che, fatto ch'egli è, subito ne segue la vergogna, la penitenzia ed il langore. E, dove l'altre cose acquistano la perfezzon loro dal fine, questa al contrario s'acquista tanta imperfezzon, che, tosto che s'è compita, altri odia se stesso, come imperfetto, e la donna, come causa della imperfezzon sua[12].

Associando la presenza femminile col male, Tasso dava dunque una potente rappresentazione artistica ad un concetto profondamente radicato nella concezione giudeo-cristiana, vivo e operante nel suo tempo. Il fascino esercitato dal mondo pagano nel poema è rinforzato dalla massiccia presenza delle donne nei suoi ranghi: questa disposizione rende quasi inevitabile lo scompiglio creato, nell'accampamento cristiano privo di donne, dall'arrivo di Armida. Come Eva, Armida distrugge l'uomo con l'amore: amore e odio appaiono così inestricabilmente intrecciati nella relazione tra i sessi.

L'attualità della rappresentazione tassesca è dimostrata anche dal contemporaneo imperversare in Europa della caccia alle streghe[13]. In un affa-

---

[10] Cfr. Marina WARNER, *op. cit.*, p. 51.
[11] Per un'ampia analisi dell'associazione donna-male si veda Nel NODDINGS, *Women and Evil*, Berkeley and Los Angeles, U of California P, 1989.
[12] Giovanni Battista MODIO, *Il Convito, overo del peso della moglie*, in **Trattati del Cinquecento*, cit., p. 338.
[13] «The witch craze often has been described as one of the most terrible instances of man's inhumanity to man. But more accurate is a formulation of gender, not genus: witch trials exemplify men's inhumanity to women [...] Women comprised the overwhelming bulk of the accused during the witch craze. Evidence from about 7,500 witch trials in diverse regions of Europe and North America during the sixteenth and seventeenth centuries shows that nearly 80 percent of accused witches were female, and, in parts of England, Switzerland, and what is now Belgium, women accounted for over nine out of ten victims» (Joseph KLAITS, *Servants of Satan. The Age of Witch Hunts*, Bloomington, Indiana

scinante saggio, Stuart Clark dimostra come Tasso, nel rappresentare gli incantesimi di Ismeno, dia prova di familiarità con il dibattito in corso tra i demonologi che, a loro volta, usarono gli episodi della *Liberata* come prova dell'esistenza delle streghe e delle loro attività, in uno sconcertante procedimento di validazione reciproca[14].

Il bersaglio preferito dagli Inquisitori erano donne povere e sole. Un capitolo del *Malleus Maleficarum* è dedicato alla spiegazione del perché le donne costituiscano la maggior parte degli individui che intrattengono commerci col maligno: rispetto agli uomini, sono più credule, e quindi facile preda del demonio corruttore; più impressionabili, e quindi suscettibili di ricevere l'influenza di uno spirito disincarnato; le donne sono inoltre incapaci di mantenere segreti, diventando così a loro volta corruttrici delle loro compagne; sono deboli in corpo e spirito, e dunque inclini a ricorrere alla stregoneria per farsi giustizia. Ma la ragione fondamentale dell'inclinazione femminile al male viene attribuita dagli autori all'insaziabile lussuria delle donne[15]: il difetto, ancora una volta, non risiede nella mente, ma nel corpo, non nello spirito, ma nella materia.

Sherry B. Ortner sostiene che il tema unificante nelle giustificazioni dell'inferiorità femminile sia l'associazione della donna con la natura, con qualcosa, cioè, che la cultura definisce come di ordine minore rispetto a se stessa:

[...] every culture implicitly recognizes and asserts a distinction between the

---

UP, 1985, pp. 51-52). Cfr. i dati riportati da Margaret L. KING, *op. cit.*, pp. 304-306, e Norman COHN, *The Myth of Satan and his Human Servants*, in **Witchcraft. Confessions and Accusations*, a cura di Mary Douglas, Londra, Tavistock, 1970, pp. 3-16. A Venezia, tra il 1550 e il 1650, le donne costituirono il 70% degli accusati di stregoneria, come indica Ruth MARTIN, *Witchcraft and the Inquisition in Venice 1550-1650*, New York e Oxford, Blackwell, 1989, pp. 226-227.

[14] Stuart CLARK, *Tasso and the Literature of Witchcraft*, in **The Renaissance in Ferrara and its European Horizons. Il Rinascimento a Ferrara e i suoi orizzonti europei*, a cura di J. Salmons e W. Moretti, Cardiff, U of Wales P e Ravenna, Edizioni del Girasole, 1984, pp. 3-21. Proprio in virtù di questo perverso principio di legittimazione, le accusate nei processi venivano torturate fino ad estorcere loro delle confessioni in sintonia con i manuali degli inquisitori. Cfr. Ileana TOZZI, *Bellezza Orsini: cronaca di un processo per stregoneria*, Antrodoco, Nova Italia, 1990.

[15] Henry KRAMER e James SPRENGER, *Malleus Maleficarum*, trad. ingl. a cura di Rev. Montague Summers, Londra, J. Rodker, 1928, pp. 41-47. Gli autori si avventurano anche alla ricerca dell'etimologia di *femina*, temerariamente fatta coincidere nella combinazione di *fe* e *minus*. Questa sezione si conclude con un devoto ringraziamento a Dio che ha risparmiato al sesso maschile la colpa della stregoneria.

operation of nature and the operation of culture (human consciousness and its products); and further, that the distinctiveness of culture rests precisely on the fact that it can under most circumstances transcend natural conditions and turn them to its purposes[16].

La dicotomia natura/cultura è essa stessa, evidentemente, un prodotto culturale, ma di grande interesse ai fini di questo discorso, in quanto centrale nella *Liberata* è la creazione della società, la possibilità stessa di trascendere un mondo naturale percepito come disordine per vivere secondo un modello culturale voluto da Dio. Le donne pagane ostacolano questo cammino verso la salvezza e finiscono con l'essere il più potente alleato del male in virtù della loro capacità di suscitare desiderio nei Cristiani. Le storie di Rinaldo e Tancredi sono incentrate sui loro sforzi per distanziarsi dalle donne e riconoscerle per quello che sono: un pericoloso nemico da combattere e dominare. In questo processo, la scoperta più importante da parte dei cavalieri cristiani è che l'avversario non è solo esterno, ma anche interno, che la natura coincide con la propria natura. L'Altro minaccioso diventa il lato oscuro di se stessi: i cavalieri devono affrontare la propria irrazionalità, debolezza, paura, e dimostrare di saperle controllare. La tappa finale di questo processo si svolge nella foresta di Saron.

2. *Il tema della foresta*

Enrico Musacchio sottolinea come, mentre l'*Orlando Furioso* è ispirato al romanzo cortese francese per quanto concerne la rappresentazione della foresta, la *Liberata* si riallacci alla tradizione latina (Cesare, Plinio, Tacito) ed italiana (Dante, Brunetto Latini, l'*Hypnerotomachia Poliphili*), nella quale la selva ha una connotazione di pericolo, di smarrimento di sé, di opposizione alla vita associata[17]. In Tasso, l'idea del bosco minaccioso si carica di implicazioni religiose e storiche. La vittoria della Cristianità contro il Paganesimo implica infatti la sconfitta degli dei naturali, degli spiriti che abitano le piante:

---

[16] Sherry B. ORTNER, *Is Female to Male as Nature Is to Culture?*, in *Woman, Culture and Society*, a cura di Michelle Zimbalist Rosaldo and Louise Lamphere, Stanford, Stanford UP, 1974, pp. 72-73.

[17] Enrico MUSACCHIO, *I boschi dell'Orlando Furioso*, in *Proceedings of the Pacific Northwest Conference on Foreign Languages* 30 (1978).

La sconfitta di Diana 123

Lorsque les missionaires chrétiens entreprirent de convertir les populations païennes, une de leurs premières tâches fut d'interdire le culte rendu aux arbres et de détruire les bois sacrés [...] l'implantation des monastères au fond des bois n'avait pas seulement pour objet d'y trouver la paix et le silence indispensable à la méditation, mais de neutraliser les forces diaboliques qui s'y étaient réfugiées[18].

Il Cristianesimo è una religione essenzialmente urbana, non solo perché ebbe come suo centro di diffusione le città (l'etimologia di «pagano» è rivelatrice in questo senso), ma perché si concepisce come opposta al mondo naturale[19]. Questo atteggiamento negativo nei riguardi della natura è presente nella *Liberata* fin dalla prima presentazione di Gerusalemme e del territorio che la circonda, quando il «bosco [...] d'ombre nocenti orrido e fosco» (III, 56) già appare come una macchia disturbante, da eliminare, nel paesaggio desertico. I Crociati non potranno impadronirsi della città senza passare per la foresta. Nell'economia della narrazione la necessità dell'attraversamento è giustificata dal bisogno di procurarsi il legname per le macchine da guerra: non si tratta semplicemente di tollerare la natura, ma di essere capaci di controllarla e di utilizzarla per i propri scopi. Goffredo invia dunque alla foresta i «fabri»: il loro impeto violento (che anticipa in qualche modo la strage dell'ultimo canto) e la loro furia distruttrice procedono di pari passo con la personalizzazione e femminilizzazione della foresta, in cui gli «olmi mariti» sembrano esistere solo per dare sostegno alle viti, per creare un quadro di intimità familiare nel momento stesso in cui la si distrugge[20]:

---

[18] Jacques BROSSE, *Mythologie des arbres*, Paris, Plon, 1989, pp. 187-189. Cfr. Robert Pogue HARRISON, *Forests. The Shadow of Civilization*, Chicago e Londra, The U of Chicago P, 1992, pp. 61-62: «The Christan Church that sought to unify Europe under the sign of the cross was essentially hostile toward this impassive frontier of unhumanized nature. Bestiality, fallenness, errancy, perdition – these are the associations that accrued around forests in the Christian mythology. In theological terms forests represented the anarchy of matter itself, with all the deprived darkness that went with this Neoplatonic concept adopted early on by the Church fathers. As the underside of the ordained world, forests represented for the Church the last stronghold of pagan worship. In the tenebrous Celtic forest reigned the Druid priests; in the forests of Germany stood those sacred groves where uncoverted barbarians engaged in heathen rituals; in the nocturnal forests at the edge of town sorcerers, alchemists, and all the tenacious survivors of paganism concocted their mischief [...]».
[19] A questo proposito cfr. Alan WATTS, *Urbanism and Paganism*, in *Nature, Man, and Woman*, New York, Pantheon Books, 1958, pp. 25-50.
[20] L'unione dell'olmo e della vite è, tra l'altro, una comune metafora del matrimonio,

> L'un l'altro essorta che le piante atterri,
> e faccia al bosco inusitati oltraggi.
> Caggion recise da i pungenti ferri
> le sacre palme e i frassini selvaggi,
> i funebri cipressi e i pini e i cerri,
> l'elci frondose e gli abeti e i faggi,
> gli olmi mariti, a cui talor s'appoggia
> la vite, e con piè torto al ciel se 'n poggia.
> [III, 75]
> Altri i tassi, e le quercie altri percote,
> che mille volte rinovar le chiome,
> e mille volte ad ogni incontro immote
> l'ire de' venti han rintuzzate e dome;
> ed altri impone a le stridenti rote
> d'orni e di cedri l'odorate some [...]
> (76)

È una scena di profanazione e di violenza. C'è qualcosa di eccessivo in questo accanimento: Fredi Chiappelli nella chiosa ad «inusitati» sottolinea «la verginità evidente della selva»[21].

La femminilizzazione della foresta non stupirà, qualora si consideri che il simbolismo della selva è collegato con il principio femminile e con la Grande Madre, in un'associazione il cui fondamento risiede probabilmente nello sviluppo selvaggio e incontrollato della vegetazione. Per l'uomo che lotta per emanciparsi dalla natura, il femminile finisce per diventare il lato oscuro di sé, l'inconscio, l'ombra di sé[22]:

---

che viene utilizzata nella *Liberata* per descrivere la morte di Gildippe (la vite) ed Odoardo (l'olmo): «Come olmo a cui la pampinosa pianta / cupida si avviticchi e si marite, / se ferro il tronca o turbine lo schianta / trae seco a terra la compagna vite [...]» (XX, 99). Ciò rende la personalizzazione della selva (elemento assente nei precedenti virgiliani [*Eneide* VI, 179-184 e XI, 134-138]) ancora più evidente.

[21] Anche per Raimondi «il rapporto dell'uomo con il bosco si presenta fin dal principio come una offesa e una trasgressione, lungo una traiettoria semantica che va dagli "inusitati oltraggi" del canto III, 75 al "violàr" del XIII, 5» (*Introduzione*, cit., p. XLV).

[22] Nella psicologia junghiana, il principio femminile viene fatto coincidere, nell'uomo, con l'inconscio, e la foresta diventa dunque simbolo dell'inconscio. Cfr. Juan-Eduardo CIRLOT, *Diccionario de símbolos*, Barcellona, Editorial Labor, 1969. A conclusioni simili arriva, seguendo un diverso percorso, Luce IRIGARAY: «Ainsi pourrait-on se demander si certaines propriétés attribuées à l'inconscient ne sont pas, pour une part, référables au sexe féminin censuré de la logique de la conscience. Si le féminin a un inconscient ou s'il est l'inconscient» (*Ce sexe qui n'est pas un*, Paris, Minuit, 1977, p. 71).

La sconfitta di Diana

The term «the Shadow», as a psychological concept, refers to the dark, feared, unwanted side of our personality. In developing a conscious personality we all seek to embody in ourselves a certain image of what we want to be like. Those qualities that could have become part of this conscious personality, but are not in accord with the person we want to be, are rejected and constitute the shadow personality[23].

Quest'Altro minaccioso respinto sempre più indietro dall'avanzata cristiana elegge, come suo ultimo rifugio, la foresta di Saron. Il Canto XIII riprende e sviluppa la situazione del Canto III. Poiché Argante e Clorinda hanno distrutto la torre mobile, nuovo legno è necessario per ricostruirla. La foresta ora non è più fosca solo di ombre, ma anche per gli incantesimi di Ismeno.

L'ideazione della foresta di Saron basterebbe da sola a provare la grandezza e novità dell'arte tassiana. Le fonti generalmente chiamate a riscontro (*Eneide* III, *Inferno* XIII) non offrono che la materia grezza, non forniscono che vaghe memorie, cui Tasso infonde uno spirito completamente nuovo[24]. I pericoli tradizionali dell'epica scompaiono, e l'individuo è condotto in un mondo che lo costringe a guardare al lato oscuro di se stesso, un universo in cui le armi consuete sono inutili, dove è richiesto un controllo totale e quasi disumano delle proprie azioni e reazioni. Il pericolo è personalizzato e usato per discriminare tra i diversi personaggi: l'individuo eccezionale si distingue non solo in base al suo coraggio, ma anche alla qualità delle sue paure. I primi ad affrontare la foresta sono semplici falegnami, le cui reazioni sono quasi infantili: di ritorno all'accampamento, non sanno neanche spiegare le ragioni del loro terrore. Un drappello di forti guerrieri si fa allora avanti, ma è messo in fuga da un suono misterioso emanato dalla terra: diventa chiaro che solo un eroe può sconfiggere la foresta. Alcasto, il primo a recarsi da solo nel luogo magico, è

> [...] uom di temerità stupida e fera,
> sprezzator de' mortali e de la morte;

---

[23] John A. SANDFORD, *Evil. The Shadow Side of Reality*, New York, Crossroad, 1981, p. 49.

[24] Più che da Dante o Virgilio, il cui ricordo è ovvio ma sfocato nella foresta di Saron, Tasso è stato forse influenzato dal *Roman de Perceforest*, del 1528, la cui traduzione italiana vide la luce a Venezia, dai Tramezzino, nel 1558: è ciò che sostiene Ester ZAGO in *Magia come allucinazione: la foresta incantata nel XIII canto della Gerusalemme Liberata*, in «Selecta», 7, 1986, pp. 117-122. Ringrazio Ester Zago per avermi fornito una copia del suo articolo.

> che non avria temuto orribil fera,
> né mostro formidabile ad uom forte,
> né tremoto, né folgore, né vento,
> né s'altro ha il mondo più di vïolento.
> (XIII, 24)

La lista dei fenomeni che non incutono terrore in Alcasto è solo apparentemente generica: non include infatti l'elemento che la magica foresta, conoscitrice delle paure più intime di ognuno, mette in scena per lui. Alte fiamme si levano e prendono l'aspetto di un muro, dalla cui sommità mostri armati minacciano il guerriero, che fugge via impaurito.

Dopo altri tentativi di individui neanche nominati, è la volta di Tancredi, ancora sconvolto dalla morte di Clorinda[25]. L'eroe non è turbato dalla vista spaventosa e dai suoni misteriosi della foresta; la città di fuoco lo fa dubitare di se stesso, ma non riesce ad arrestarlo. Poi, di colpo, la scena cambia. I prodigi spettacolari si placano, e Tancredi si ritrova in un luogo più raccolto, in forma d'anfiteatro, con al centro un cipresso il cui tronco reca un'iscrizione ammonitrice:

> «O tu che dentro a i chiostri de la morte
> osasti por, guerriero audace, il piede,
> deh! se non sei crudel quanto sei forte,
> deh! non turbar questa secreta sede.
> Perdona a l'alme omai di luce prive:
> non dée guerra co' morti aver chi vive»
> (XIII, 39-40)

Nel tentativo di superare il turbamento procuratogli da questa vista e dai sospiri emanati dal bosco, Tancredi sguaina la spada e colpisce il cipresso: dalle ferite della scorza fuoriesce sangue, e la voce di Clorinda si leva a rimproverarlo delle nuove piaghe. È troppo per Tancredi, che «va fuor di sé», e precipitosamente abbandona la foresta.

È nota l'interpretazione di questo episodio da parte di Freud: il padre della psicanalisi vide nel comportamento di Tancredi una manifestazione

---

[25] «[...] la gran selva orrenda / tentata fu ne' tre seguenti giorni / da i più famosi; e pur alcun non fue / che non fuggisse a le minaccie sue» (XIII, 31). Chiappelli commenta: «per distinguere il livello, ormai profondissimo (che sarà impersonato da Tancredi), da quello elementare dei "fabri" e da quello mediano di Alcasto, il Tasso introduce l'idea di una serie successiva di altre prove, in cui l'*orrenda*, che qualifica la selva, oscura il grado dei più *famosi*».

La sconfitta di Diana

della coazione a ripetere, di una funzione dell'inconscio represso che ha la meglio sul principio del piacere. Come il bambino nel gioco *fort-da*, Tancredi cerca, attraverso la ripetizione, di diventare soggetto attivo in una situazione che l'ha visto in precedenza passivo, in balia degli eventi[26]. Gli elementi per un superamento del trauma ci sono: all'omicidio della donna amata aveva fatto seguito un processo di razionalizzazione, culminato con l'apparizione di una pia Clorinda nell'atto di ringraziare Tancredi per averle aperto la strada del paradiso attraverso il battesimo. Attraverso la ripetizione dell'evento traumatico, Tancredi cerca dunque di acquisire controllo sulla propria esperienza, di esorcizzare il terrore che gliene deriva. La sua reazione al sangue e alla voce di Clorinda dimostra che il tentativo è ancora prematuro, la ferita ancora fresca, il potere della guerriera ancora incontrastato.

Quello che Freud non sembra notare è che l'esperienza di Rinaldo è per molti versi affine a quella di Tancredi: anche nel suo caso, infatti, la foresta ricrea una situazione foriera, nel passato, di smarrimento e perdita di identità. Nel canto XIV, il passaggio dalla sponda dell'Oronte ad un'incantevole isoletta al centro del fiume fungeva da preludio alla cattura del guerriero da parte di Armida:

> Qual cauta cacciatrice, Armida aspetta
> Rinaldo al varco. Ei su l'Oronte giunge,
> ove un rio si dirama e, un'isoletta
> formando, tosto a lui si ricongiunge:
> e 'n su la riva una colonna eretta
> vede, e un picciol battello indi non lunge.
> (57)
> [...] È persuaso
> tosto l'incauto a girne oltra quell'onde;
> e perché mal capace era la barca,
> gli scudieri abbandona ed ei sol varca.
> (58)
> Come là è giunto, cupido e vagante
> volge intorno lo sguardo, e nulla vede
> fuor ch'antri ed acque e fiori ed erbe e piante,
> onde quasi schernito esser si crede;
> ma pur quel loco è così lieto e in tante
> guise l'alletta ch'ei si ferma e siede,

---

[26] Sigmund FREUD, *op. cit.*, pp. 1-17.

> e disarma la fronte e la ristaura
> al soave spirar di placid'aura.
> (59)

Cullato dalla canzone di una sirena, Rinaldo si addormentava, ed Armida poteva facilmente farlo prigioniero. Nella foresta di Saron una simile situazione si ripete: giunto sulla riva di un fiume, Rinaldo lo varca grazie ad un «ricco ponte d'or» che crolla subito dopo il suo passaggio. La selva che aveva infuso terrore negli altri si trasforma, per lui, in giardino:

> Dove in passando le vestigia ei posa,
> par ch'ivi scaturisca o che germoglie:
> là s'apre il giglio e qui spunta la rosa,
> qui sorge un fonte, ivi un ruscel si scioglie,
> e sovra e intorno a lui la selva annosa
> tutte parea ringiovenir le foglie;
> s'ammolliscon le scorze e si riverde
> più lietamente in ogni pianta il verde.
> (XVIII, 23)
> Rugiadosa di manna era ogni fronda,
> e distillava de le scorze il mèle,
> e di novo s'udia quella gioconda
> strana armonia di canto e di querele [...]
> (24)

Questa natura meravigliosa è la stessa che improntava di sé il giardino di Armida. Rinaldo non dà segni dunque, fino a questo punto, di controllare la situazione meglio di quanto l'abbiano fatto i guerrieri che lo hanno preceduto ed in particolare Tancredi. Ciò rende la manifestazione del risveglio della sua coscienza tanto più drammatico:

> [...] fede il pensier nega
> a quel che 'l senso gli offeria per vero [...]
> (XVIII, 25)

È un verso chiave, che rivela come l'ego di Rinaldo sia all'erta ed in grado di decodificare la visione che gli viene proposta. Un sentiero lo conduce ad una «gran piazza»: la radura, ed il mirto che in quella dispiega i suoi rami, corrispondono rispettivamente all'anfiteatro e al cipresso che si erano presentati agli occhi di Tancredi. L'intollerabile che per Tancredi era rappresentato dalla morte è per Rinaldo l'amore, rappresentato dal (falso) mirto e dalla sembianza di Armida che per lui si manifesta e mo-

La sconfitta di Diana

dula il suo discorso secondo familiari cadenze avvolgenti:

> Togli questo elmo omai, scopri la fronte
> e gli occhi a gli occhi miei, s'arrivi amico;
> giungi i labri a le labra, il seno al seno,
> porgi la destra a la mia destra almeno.
> (XVII, 32)

Ma il cammino di Rinaldo non può essere più deviato: il passato non può ritornare a lui con gli stessi effetti dirompenti che ha su Tancredi, perché il suo pentimento, suggellato dalle preghiere e dall'ascesa al monte Oliveto, ha fatto di lui un uomo diverso. Incurante dei nuovi prodigi, Rinaldo colpisce e colpisce il mirto fin quando questi non si rivela essere un malefico noce:

> Qui l'incanto fornì, sparîr le larve.
> (XVIII, 37)
> Tornò sereno il cielo e l'aura cheta,
> tornò la selva al natural suo stato:
> non d'incanti terribile né lieta,
> piena d'orror ma de l'orror innato.
> (38)

La natura non viene redenta perché è intrinsecamente irredimibile: la selva rimane «piena d'orror», anche se si tratta de «l'orror innato» e non di quello provocato da Ismeno, così come alla scomparsa del giardino di Armida nulla più aveva celato le «alpi e gli orror ch'ivi fece natura» (XVI, 70). Il male resta parte del mondo naturale, ma non minaccia più Rinaldo: l'Altro minaccioso è oggettivato, identificato come diverso, confinato in un'entità naturale.

L'ultimo incontro tra Rinaldo e Armida non è che un corollario a questa nuova dimensione che il crociato, e attraverso di lui il suo esercito, ha raggiunto. Armida, da capitana delle forze del male, vera controparte di Goffredo, riconosce la superiorità di Rinaldo e delle forze da lui rappresentate. Insieme con Armida, il principio femminile che ha opposto l'impresa cristiana offre la resa ed accetta un ruolo secondario e subordinato nel corpo sociale che governerà Gerusalemme.

3. Il manto di Goffredo

La *Liberata* si conclude dunque con una completa vittoria cristiana, ma l'uomo nuovo che emerge da questo processo di educazione è un individuo mutilato, separato dai suoi istinti, in antagonistica opposizione ad una natura percepita come una potenza malefica da dominare. L'emblematico itinerario di Rinaldo conduce l'uomo da una condizione di armoniosa unione con la natura/madre (il giardino di Armida) ad uno stadio in cui la consapevolezza della propria missione sociale rende quella consonanza impossibile:

> La Nature et la Cité, la vie naturelle et l'ordre social nous paraissent, perçus imaginairement, répondre périodiquement et substitutivement à une «bonne» et à une «mauvaise» image de la Mère, ou, plus exactement, du couple parental [...] Nature, mère tendre et protectrice, est là, qui invite et qui aime et on se plonge dans son sein, au prix d'une perte d'individualité et de conscience. Ce retour au sein naturel éveille un sentiment de culpabilité et de lâcheté, et un rappel à l'ordre se fait sentir au nom de la Raison et d'une reprise de conscience (ce que les psychanalystes appellent le Nom-du-Père). La «bonne nature» [...] se métamorphose dans l'image inquiétante d'une Fortune lunatique sans foi ni loi, ou d'une Matière chaotique et soumise au péché irrémédiable de la dénaturation. Au nom de l'ordre, apparaît la Société pour proposer son secours contre la Jungle sans loi de la Nature[27].

Il preludio alla fondazione della perfetta società è una sanguinosa battaglia. Mentre Ariosto, nella descrizione della battaglia di Biserta, limitava la descrizione degli orrori della guerra ad un'allusione («fur fatti stupri e mille altri atti ingiusti» [*Furioso* XL, 34]), Tasso indugia sulla brutalità dei Crociati:

> Ogni cosa di strage era già pieno,
> vedeansi in mucchi e in monti i corpi avolti
> là i feriti su i morti, e qui giacieano
> sotto morti insepolti egri sepolti.
> Fuggian premendo i pargoletti al seno
> le meste madri co' capegli sciolti,
> e 'l predator, di spoglie e di rapine

---

[27] Claude Gilbert DUBOIS, *L'imaginaire de la Renaissance*, Paris, Presses Universitaires de France, 1985, p. 190.

La sconfitta di Diana 131

>carco, stringea le vergini nel crine.
>(XIX, 30)

Il tema della violenza contro le donne anima anche uno scambio singolare tra Argante e Tancredi. Il Circasso sfida Tancredi a riprendere il duello interrotto in VI, 53, con bruciante ironia lo rimprovera di essere «non guerrier, ma [...] quasi inventor di machine» e «forte de le donne uccisor» (XIX, 3). Tancredi sorride agli insulti e ricambia con uguale sarcasmo:

>Vienne in disparte pur tu ch'omicida
>sei de' giganti solo e de gli eroi:
>l'uccisor de le femine ti sfida.
>(XIX, 5)

I critici tendono a interpretare queste battute come un riferimento, da parte di entrambi i guerrieri, a Clorinda. Solo Giuseppe Monorchio fa notare la stranezza dell'espressione di Argante che, considerando Clorinda alla stregua di una «donna» facile da sconfiggere, insulterebbe la memoria della «vergine sovrana» (XI, 50), sua «consorte» nelle armi (XII, 7). Ancora più sorprendente la risposta di Tancredi che, se interpretata come un riferimento alla guerriera amata e uccisa, risuonerebbe di un distacco emotivo e di un cinismo sconcertanti[28]. Monorchio suggerisce che lo scambio vada piuttosto riferito alla strage di donne che i Cristiani stanno compiendo, ma non affronta il problema della successione degli episodi: la descrizione del massacro, infatti, è posteriore al duello tra i due. L'intuizione del critico merita però di essere ripresa e sviluppata, in quanto trova una conferma nel corrispondente episodio della *Conquistata*. Qui infatti, *immediatamente dopo* le ottave che descrivono la violenza sulle donne di Gerusalemme, «l'infelice Argante» viene rappresentato pieno di timore non per la sua sorte, ma per quella della moglie, e nell'atto di dirigersi con «pochi amici» in soccorso delle donne che si sono rifugiate in una torre (XXIII, 84). È davanti a quella torre che lo trova Tancredi, ed è a questo punto che lo scambio in questione si svolge, in questo mutato contesto in cui l'allusione all'uccisione delle donne sembra riferirsi in maniera inequivocabile non a Clorinda, ma alla strage del-

---

[28] Giuseppe MONORCHIO, *I duelli di Tancredi e la trasformazione ideologica del personaggio*, «Quaderni d'Italianistica» 1, 1992, pp. 5-25: 18.

le abitanti di Gerusalemme[29].

La *Historia* di Guglielmo da Tiro offriva a Tasso un imparziale resoconto delle atrocità perpetrate dai Cristiani contro i cittadini di Gerusalemme, atrocità che si suggerivano ispirate, almeno in parte, dal patto che stabiliva che ognuno sarebbe divenuto proprietario di ciò di cui riusciva ad impadronirsi nella battaglia (case, ricchezze ecc.). La liberazione di Gerusalemme insomma coincideva, e Tasso lo sapeva, con una colossale rapina. Ma Guglielmo da Tiro sottolineava anche il pentimento che seguiva la strage, l'umiltà che si impadroniva dell'animo dei Cristiani, l'abluzione rituale che precedeva il loro accostarsi al sepolcro. I Crociati,

> [...] armis depositis, in spiritu humilitatis et in animo vere contrito, nudis vestigiis, lotis manibus et sumptis mundioribus indumentis, cum gemitu et lacrimis loca venerabilia, quae Salvator propria voluit illustrare et sanctificare presentia, ceperunt cum omni devotione circuire [...] (VIII, 21)[30]

E così Giuseppe Oroloagi nella sua traduzione che, pubblicata a Venezia nel 1562, è plausibile sia stata consultata da Tasso:

> [I Cristiani] posero giù l'armi, col spirito di umiltà, e con l'animo contrito, a pie' nudi, essendosi lavate le mani, e vestiti nobilissimamente, con lacrime e sospiri, andarono con ogni maniera di divotione visitando i luoghi sacri, che 'l Salvator nostro volle illustrare, e santificare con la presentia sua [...][31]

Nulla di tutto ciò nella *Liberata*. L'ottava conclusiva suggella la perturbante celebrazione della violenza che ha attraversato il canto con la rappresentazione di Goffredo che adora il sepolcro incurante dei propri abiti insanguinati, con una baldanza che sfiora la *hybris*:

---

[29] Si consideri però la differenza delle reazioni di Tancredi, che al sentirsi apostrofare quale «uccisore delle donne» nella *Liberata* «sorrise [...] un cotal / riso di sdegno» (XIX, 4) e risponde «in detti alteri», mentre nella *Conquistata* «sorrise [...] e pieno il riso / fu d'amarore» (XXIII, 87). Si tratta di una prova ulteriore dell'estrema finezza dell'arte tassiana, che anche nell'ultima *Gerusalemme* produce vividi, sebben rari, bagliori: proprio ora che Tancredi ha tutti i motivi per essere accusato di essere «uccisor delle donne», l'insulto lo ferisce nell'intimo, trasformando il generico sdegno della *Liberata* in un'amarezza carica di rimpianto per la guerriera amata.
[30] *Willelmi Tyrensis Archiepiscopi Chronicon*, edizione critica di R.B.C. Huygens, Corpus Christianorum LXIII-LXIIIA, 1986.
[31] Guglielmo DA TIRO, *Historia della Guerra Sacra di Gierusalemme*, tradotta da M. Giuseppe Oroloagi, Venezia, Vincenzo Valgrisi, 1562.

> Così vince Goffredo, ed a lui tanto
> avanza ancor de la dïurna luce
> ch'a la città già liberata, al santo
> ostel di Cristo i vincitor conduce.
> Né pur deposto il sanguinoso manto,
> viene al tempio con gli altri il sommo duce;
> e qui l'arme sospende, e qui devoto
> il gran Sepolcro adora e scioglie il voto.
> (XX, 144)

Le azioni del capitano non contraddicono solo il resoconto storico della presa di Gerusalemme, ma stabiliscono anche un singolare contrasto con il comportamento, in una simile circostanza, del personaggio che più ha contribuito alla sua caratterizzazione. Così infatti Enea ad Anchise, nella fuga dall'incendio di Troia:

> Tu, genitor, cape sacra manu patriosque penatis;
> me, bello e tanto digressum et caede recenti,
> attrectare nefas, donec me flumine vivo
> abluero.
> (*Eneide* II, 717-720)

Pur nel trambusto della fuga, Enea ricorda che non è lecito (*nefas*) avvicinare la divinità contaminati dal sangue, freschi di strage. Il confronto con l'epilogo del poema tassesco è sconcertante qualora si prenda in considerazione l'importanza, nella cultura dei lettori della *Liberata* di tutti i tempi, del modello dell'*Eneide*: il capolavoro virgiliano è chiamato a raffronto fin dal primo verso, e proprio attraverso il parallelo Goffredo-Enea, un parallelo più volte ripetuto ma tradito, a sorpresa, proprio nella conclusione. Cosa si cela dietro questa mancata corrispondenza? Forse un momento di dubbio, l'acuta percezione del dolore, della violenza che vanifica persino il trionfo delle forze del bene? O invece, al contrario, la proclamazione di un'ideologia spietatamente controriformistica, alla luce della quale il sangue dei nemici è sempre ben versato e sempre sarà grato a Dio, e non è il caso di farsi troppi scrupoli?

È futile interrogarsi sulle intenzioni dell'autore, su un eventuale suo consapevole desiderio di lanciare un messaggio in codice attraverso un riferimento intertestuale che un lettore modello potesse cogliere senza difficolta[32]. Ma per chi abbia seguito fin qui le linee di questo discorso, e si interroghi sui segreti del più drammatico e coinvolgente tra i poemi epici, il raffronto proietta una luce inquietante sul trionfo delle forze del «bene». L'uomo che assume il controllo di Gerusalemme appare meno umano del suo pagano predecessore. La nuova società nasce sotto gli auspici di una dominazione spietata sulle forze femminili e sulla natura.

Diana è sconfitta, ma sul trionfo di Venere ecco che si profilano già le prime ombre.

---

[32] Per la nozione di lettore modello cfr. Umberto Eco, *Lector in fabula. La cooperazione interpretativa nei testi narrativi*, Milano, Bompiani, 1979, in particolare p. 55.

Bibliografia delle opere citate

ANDREA DA BARBERINO, *L'Aspramonte*, a cura di Marco Boni, Bologna, Antiquaria Palmaverde, 1951.
ARIOSTO Ludovico, *Orlando Furioso*, a cura di Santorre Debenedetti e Cesare Segre, Bologna, Commissione per i testi di lingua, 1960.
ARTHUR Marylin, «*Liberated Woman*»: *The Classical Era*, in *Becoming Visible. Women in European History*, a cura di Renate Bridenthal e Claudia Koonz, Boston, Houghton Mifflin, 1977, pp. 60-89.
ASPERGREN Kerstin, *The Male Woman. A Feminine Ideal in the Early Church*, a cura di René Kieffer, Stoccolma, Almquist e Wiksell, 1990.
BACHOFEN J.J.. *Myth, Religion and Mother Right. Selected Writings*, trad. ing. di Ralph Manheim, Princeton, Princeton UP, 1967.
BADINTER Elisabeth, *XY. De l'identité masculine*, Paris, Odile Jacob, 1992.
BALDUINO Armando, *Cantari del Trecento*, Milano, Marzorati, 1970.
BÀRBERI SQUAROTTI Giorgio, *Fine dell'idillio da Dante al Marino*, Genova, Il Melangolo, 1978.
BARINI Giorgio (a cura di), *Cantàri cavallereschi dei secoli XV e XVI*, Bologna, Romagnoli Dall'Acqua, 1905.
BEAUVOIR Simone de, *Le deuxième sexe*, Paris, Gallimard, 1949.
BELLONI Antonio, *Gli epigoni della Gerusalemme Liberata*, Padova, Angelo Draghi, 1893.
BENEDETTI Laura, *La «vis abdita» della «Liberata» e i suoi esiti nella «Conquistata»*, «Lingua e stile», 2, 1995, pp. 465-477.
—, *Virtù femminile o virtù donnesca? Torquato Tasso, Lucrezia Marinella ed una polemica rinascimentale* (in corso di stampa).
BENSON Pamela Joseph, *A Defense of the Excellence of Bradamante*, «Quaderni d'Italianistica», 2, 1983, 135-153.
BIONDO Michelangelo, *Angoscia doglia e pena. Le tre furie del mondo*, in **Trattati del Cinquecento sulla donna*, a cura di Giuseppe Zonta, Bari, Laterza, 1913, pp. 72-220.

Boccaccio Giovanni, *Tutte le opere*, a cura di Vittore Branca, Milano, Mondadori, 1967.
—, *Decameron*, a cura di V. Branca, Torino, Einaudi, 1980.
—, *Diana's Hunt*, traduzione e commento a cura di Anthony K. Cassell e Victoria Kirkham, Philadelphia, U of Pennsylvania P, 1991.
—, *Ninfale fiesolano*, a cura di Pier Massimo Forni, Milano, Mursia, 1991.
Boiardo Matteo Maria, *Orlando Innamorato*, a cura di Aldo Scaglione, Torino, UTET, 1966.
Bonnet Jacques, *Artémis d'Ephèse et la légende des Sept Dormants*, Paris, Librairie Orientaliste Paul Genthner, 1977.
Boswell John, *Christianity, Social Tolerance, and Homosexuality. Gay People in Western Europe from the Beginning of the Christian Era to the Fourteenth Century*, Chicago e London, U of Chicago P, 1980.
Brazouski Antoinette, *Amata and Her Maternal Right*, «Helios» 2, 1991, pp. 129-136.
Brosse Jacques, *Mythologie des arbres*, Paris, Plon, 1989.
Bruni Domenico, *Difese delle donne*, Firenze, Giunti, 1552.
Brunwaene M. van den, *De natura Deorum*, Bruxelles, Editions Latomus, 1981.
Burrus Virginia, *Chastity as Autonomy. Women in the Stories of Apocryphal Acts*, Lewiston and Queenston, Edwin Mellen Press, 1987.
Cabani Maria Cristina, *Gli amici amanti. Coppie eroiche e sortite notturne nell'epica italiana*, Napoli, Liguori, 1995.
Camilli Camillo, *I Cinque Canti*, appendice a T. Tasso, *Gierusalemme Liberata*, Ferrara, Giulio Cesare Cagnacini & Fratelli, 1585.
Canali Luca, *L'eros freddo. Studi sull'Eneide*, Roma, Edizioni dell'Ateneo, 1976.
Cappellano Andrea, *De Amore*, a cura di Graziano Ruffini, Milano, Guanda, 1980.
Capra Galeazzo Flavio, *Della eccellenza e dignità delle donne*, a cura di Maria Luisa Doglio, Roma, Bulzoni, 1988.
Caretti Lanfranco, *Ariosto e Tasso*, Torino, Einaudi, 1977.
Castiglione Baldesar, *Il Cortegiano, con una scelta delle Opere minori*, a cura di Bruno Maier, Torino, UTET, 1955.
Chasseguet-Smirgel Janine, *Freud et la féminité*, in *L'Oedipe: un complexe universel*, Poitiers-Liguré, Tehon, 1977, pp. 299-317.
Chiappelli Fredi, *Il conoscitore del caos. Una «vis abdita» nel linguaggio tassesco*, Roma, Bulzoni, 1981.
—, *Ariosto, Tasso e la bellezza delle donne*, «Filologia e critica», 2-3, 1985, pp. 325-341.
Cirlot Juan-Eduardo, *Diccionario de símbolos*, Barcellona, Editorial Labor, 1969.
Clark Stuart, *Tasso and the Literature of Witchcraft*, in *The Renaissance in Ferrara and its European Horizons. Il Rinascimento a Ferrara e i suoi oriz-

Bibliografia delle opere citate

zonti europei, a cura di J. Salmons e W. Moretti, Cardiff, University of Wales Press e Ravenna, Edizioni del Girasole, 1984, pp. 3-21.

COHN Norman, *The Myth of Satan and his Human Servants*, in **Witchcraft. Confessions and Accusations*, a cura di Mary Douglas, Londra, Tavistock, 1970, pp. 3-16.

Concilium Tridentinum. Diariorum, actorum, epistularum, tractatuum. Nova collectio, Friburgi Brisgoviae MCMXXIX, Herder & Co., Typographi editores Pontificii.

CONCOLINO MANCINI Bianca, *Travestimenti, inganni e scambi nella commedia del Cinquecento*, «Atti dell'Istituto Veneto di Scienze, Lettere ed Arti», 147, 1988-89, pp. 199-228.

CORRIGAN Beatrice, *Erminia and Tancredi: the Happy Ending*, «Italica», 40, 1963, pp. 325-333.

CORTI Gino, *Un autografo inedito di Torquato Tasso*, «Lettere Italiane», 2, 1990, pp. 294-295.

COX Virginia, *The Single Self: Feminist Thought and the Marriage Market, in Early Modern Venice*, «Renaissance Quarterly», 3, 1995, pp. 513-581.

CRESCINI Vincenzo, *Due studi riguardanti opere minori del Boccaccio*, Padova, 1882.

DALY Mary, *Beyond God the Father*, Boston, Massachusetts, Beacon Press, 1986.

DELLA TERZA Dante, *Tasso e Dante*, in *Forma e memoria. Saggi e ricerche sulla tradizione letteraria da Dante a Vico*, Roma, Bulzoni, 1979, pp. 148-176.

DE SANCTIS Francesco, *Storia della letteratura italiana*, a cura di Francesco Contini, Torino, UTET, 1968.

DEVOTO Giacomo, *Avviamento alla etimologia italiana. Dizionario etimologico*, Firenze, Le Monnier, 1968.

DI BENEDETTO Arnaldo, *Tasso, minori e minimi a Ferrara*, Pisa, Nistri-Lischi, 1970.

DONADONI Eugenio, *Torquato Tasso*, Firenze, La Nuova Italia, 1952.

DUBOIS Claude Gilbert, *L'imaginaire de la Renaissance*, Paris, Presses Universitaires de France, 1985.

DUBY Georges e PERROT Michelle (a cura di), *Histoire des Femmes en Occident*, 5 voll., Paris, Plon, 1991.

DUTSCHKE Dennis J., *Il discorso tassiano «De la virtù feminile e donnesca»*, «Studi tassiani», 32, 1984, pp. 5-28.

DUVAL André, *Les sacrements au Concile de Trente*, Paris, Les Editions du Cerf, 1985.

ECO Umberto, *Opera Aperta. Forma e indeterminazione nelle poetiche contemporanee*, Milano, Bompiani, 1976.

—, *Semantica della metafora*, in *Le forme del contenuto*, Milano, Bompiani, 1971, pp. 95-125.

—, *Lector in fabula. La cooperazione interpretativa nei testi narrativi*, Milano, Bompiani, 1979.

—, *I limiti dell'interpretazione*, Milano, Bompiani, 1990.
—, *Le Etiopiche*, a cura di Aristide Colonna, Torino, UTET, 1987.
ERSPAMER Francesco, *Il pensiero debole di Torquato Tasso*, in **La menzogna*, a cura di Franco Cardini, Firenze, Ponte alle Grazie, 1989, pp. 120-136.
FAHY Conor, *Three Early Renaissance Treatises on Women*, «Italian Studies», 11, 1956, pp. 31-55.
FEDELE Cassandra, *Epistolae et orationes posthumae*, Padova, Francesco Bolzettam, 1626.
FERGUSON Margaret W., *Trials of Desire. Renaissance Defense of Poetry*, New Haven and London, Yale UP, 1983.
FERNANDEZ Dominique, *Le promeneur amoureux*, Paris, Plon, 1987.
FERRARI Anna, *Dizionario di mitologia classica*, Torino, UTET, 1990.
FINUCCI Valeria, *The Lady Vanishes. Subjectivity and Representation in Castiglione and Ariosto*, Stanford, Stanford UP, 1992.
FORNI Pier Massimo, *Forme complesse del «Decameron»*, Firenze, Olschki, 1992.
FOUCAULT Michel, *Histoire de la sexualité*, 3 Voll., Paris, Gallimard, 1984.
FRAZER Sir James George, *The Golden Bough: a Study in Magic and Religion*, London, Macmillan, 1890.
FREUD Sigmund, *Beyond the Pleasure Principle*, trad. ing. di James Strachey, New York, Norton & Company Inc., 1975.
FRIGO Daniela, *Dal caos all'ordine: sulla questione del «prender moglie» nella trattatistica del sedicesimo secolo*, in *Nel cerchio della luna. Figure di donne in alcuni testi del XVI secolo*, a cura di M. Zancan, Venezia, Marsilio, 1983.
FROMM Erich, *The Forgotten Language. An Introduction to the Understanding of Dreams, Fairy Tales and Myths*, New York and Toronto, Rinehart & Co., Inc., 1951.
FUSS Diana, *Essentially Speaking: Feminism, Nature and Difference*, New York, Routledge, 1989.
GEORGIN Robert, *De Lévi-Strauss à Lacan*, Condé-sur-l'Escaut, Cistre, 1983.
GERBI Antonello, *Il peccato di Adamo ed Eva. Storia della ipotesi di Beverland*, Milano, Società Editrice «La Cultura», 1933.
GETTO Giovanni, *Vita di forme e forme di vita nel Decameron*, Torino, Petrini, 1958.
—, *Interpretazione del Tasso*, Napoli, Edizioni Scientifiche Italiane, 1967.
—, *Nel mondo della Gerusalemme*, Firenze, Vallecchi, 1968.
GIAMATTI A. Bartlett, *The Earthly Paradise and the Renaissance Epic*, Princeton, Princeton Up, 1966.
GILBERT Sandra M. e GUBAR Susan, *The Madwoman in the Attic. The Woman Writer and Nineteenth-Century Literary Imagination*, New Haven e Londra, Yale UP, 1984.
GILLIS Daniel, *Eros and Death in the «Aeneid»*, Roma, «L'erma» di Bretschneider, 1983.
GLUCKSBERG Sam e BOAZ Keysar, *La comprensione delle comparazioni metafo-*

Bibliografia delle opere citate

riche: oltre la somiglianza, in *Teorie della metafora. L'acquisizione, la comprensione e l'uso del linguaggio figurato*, a cura di Cristina Cacciari, Milano, Cortina, 1991, pp. 165-212.

GODARD Alain, *Le camp païen et ses héros dans la Jérusalem délivrée*, in **Quêtes d'une identité collective chez les Italiens de la Renaissance*, Paris, Université de la Sorbonne Nouvelle, 1990, pp. 309-429.

GRAF Arturo, *Il mito del paradiso terrestre*, Roma, Manilo Basaia, 1982.

GRAVES Robert, *The Greek Myths*, Edinburgh, Penguin Books, 1955.

GUGLIELMO da Tiro, *Historia della Guerra Sacra di Gierusalemme*, tradotta da M. Giuseppe Orologgi, Venezia, Vincenzo Valgrisi, 1562.

GÜNSBERG Maggie, *The Mirror Episode in Canto XVI of the «Gerusalemme Liberata»*, «The Italianist», 3, 1983, pp. 30-46.

—, *Donna liberata? The Portrayal of Women in Italian Renaissance Epic*, «The Italianist», 7, 1987, pp. 7-35.

GÜNTERT Georges, *L'epos dell'ideologia regnante e il romanzo delle passioni*, Pisa, Pacini, 1989.

HACQUARD Georges, *Guide Mythologique de la Grèce et de Rome*, Paris, Hachette, 1976.

HARRISON Robert Pogue, *Forests. The Shadow of Civilization*, Chicago e Londra, The University of Chicago Press, 1992.

IRIGARAY Luce, *Ce sexe qui n'est pas un*, Paris, Minuit, 1977.

KELSO Ruth, *Doctrine for the Lady of the Renaissance*, Urbana, U of Illinois P, 1956.

KING Margaret L., *Book-Lined Cells: Women and Humanism in the Early Italian Renaissance*, in *Beyond Their Sex. Learned Women of the European Past*, a cura di Patricia H. Labalme, New York and London, New York UP, 1980, pp. 66-90.

—, *La donna del Rinascimento*, in *L'uomo del Rinascimento*, a cura di Eugenio Garin, Bari, Laterza, 1988, pp. 273-327.

KLAITS Joseph, *Servants of Satan. The Age of Witch Hunts*, Bloomington, Indiana University Press, 1985.

KRAMER Henry e SPRENGER James, *Malleus Maleficarum*, trad. ingl. a cura di Rev. Montague Summers, Londra, J. Rodker, 1928.

LABALME Patricia H., *Introduction*, in *Beyond Their Sex. Learned Women of the European Past*, a cura di Patricia H. Labalme, New York and London, New York UP, 1980, pp. 1-8.

LACAN Jacques, *Ecrits*, Paris, Seuil, 1966.

LARIVAILLE Paul, *Poesia e ideologia*, Napoli, Liguori, 1987.

LEE RENSSELAER W., *Ut pictura poesis. The Humanistic Theory of Painting*, W.W. Norton & Company Inc., 1967.

LUIGINI Federico, *Della bella donna*, in **Trattati del Cinquecento sulla donna*, a cura di Giuseppe Zonta, Bari, Laterza, 1913, pp. 228-308.

MACLEAN Ian, *The Renaissance Notion of Woman*, Cambridge, Cambridge UP, 1980.

MAIER Bruno (a cura di), *Lirici del Settecento*, Milano-Napoli, Ricciardi, 1959.
MAKOWSKI John F., *Nisus and Euryalus: a Platonic Relationship*, «The Classical Journal», 1, 1989, pp. 1-15.
MARCONI Paolo, *La città come forma simbolica*, in *La città come forma simbolica. Studi sulla teoria dell'architettura nel Rinascimento*, a cura di Paolo Marconi, Roma, Bulzoni, 1973.
MARINELLA Lucrezia, *La nobiltá, et l'eccellenza delle donne, co' diffetti, et mancamenti degli uomini*, Venezia, Ciotti, 1601.
MARTIN Ruth, *Witchcraft and the Inquisition in Venice 1550-1650*, New York e Oxford, Blackwell, 1989.
MCLAUGHLIN Megan, *The Woman Warrior: Gender, Warfare and Society in Medieval Europe*, «Women's Studies», 3-4, 1990, pp. 193-217.
MCLUCAS John C., *Amazon, Sorceress, and Queen: Women and War in the Aristocratic Literature of Sixteenth-Century Italy*, «The Italianist», 8, 1988, pp. 33-54.
METRAL Marie-Odile, *Le mariage. Les hésitations de l'Occident*, Paris, Aubier-Montaigne, 1977.
MIGIEL Marilyn, *Gender and Genealogy in Tasso's «Gerusalemme Liberata»*, Lewinston, NY e Queenston, Ontario, 1993.
MILLAN Betty, *The Monstrous Regiment. Women Rulers in Men's Worlds*, Frome and London, Butler and Tanner Ltd, 1982.
MODIO Giovanni Battista, *Il Convito, overo del peso della moglie*, in **Trattati del Cinquecento sulla donna*, a cura di Giuseppe Zonta, Bari, Laterza, 1913, pp. 309-370.
MONORCHIO Giuseppe, *I duelli di Tancredi e la trasformazione ideologica del personaggio*, «Quaderni d'Italianistica», 1, 1992, pp. 5-25.
MORETTI Walter, *Torquato Tasso*, Bari, Laterza, 1973.
MURTAUGH Kristen Olson, *Erminia Delivered: Notes on Tasso and Romance*, «Quaderni d'Italianistica», 1, 1982, pp. 13-25.
MUSACCHIO Enrico, *I boschi dell'Orlando Furioso*, in *Proceedings of the Pacific Northwest Conference on Foreign Languages*, 30, 1978.
—, *Amore, ragione e follia. Una lettura dell'«Orlando Furioso»*, Roma, Bulzoni, 1983.
NODDINGS Nel, *Women and Evil*, Berkeley and Los Angeles, U of California P, 1989.
NOGAROLA Isotta, *Opera quae supersunt omnia. Accedunt Angelae et Zeneverae Nogarolae epistolae et carmina*. Collegit Alexander Comes Appony. Edidit et proefatus est Eugenius Abel. Vindobonae, Apud Gerold et Socios, Budapestini, Apud Fridericum Kilian, 1886. 2 Voll.
NUGENT Georgia S., *Vergil's «Voice of the Women» in «Aeneid» V*, «Arethusa», 2, 1992, pp. 255-291.
OLINI Lucia, *Dalle direzioni di lettura alla revisione del testo: Tasso tra «Allegoria del poema» e «Giudizio»*, «Rassegna della Letteratura Italiana», 1, 1985, pp. 53-68.

Bibliografia delle opere citate 141

OLIVIER Christiane, *Les Enfants de Jocaste*, Paris, Denoël/Gonthier, 1980.
OMERO, *Iliade*, traduzione di Melchior Cesarotti, Napoli, Luigi Chiurazzi e figli, 1905.
ORTNER Sherry B., *Is Female to Male as Nature Is to Culture?*, in *Woman, Culture and Society*, a cura di Michelle Zimbalist Rosaldo and Louise Lamphere, Stanford, Stanford UP, 1974, pp. 67-88.
OSSOLA Carlo, *«Edipo e ragion di stato»: mitologie comparate*, «Lettere Italiane», 4, 1982, pp. 482-505.
PAROTTI Phillip Elliott, *The Female Warrior in the Renaissance Epic*, University Microfilms, Ann Arbor, Michigan, 1973.
PETROCCHI Giorgio e BONORA Ettore, *L'Erminia del Tasso (I-II)*, «Giornale Storico della Letteratura Italiana», 530, 1988, pp. 180-195.
PROPP Vladimir Iakovlevich, *Morfologia della fiaba*, a cura di Gian Luigi Bravo, Torino, Einaudi, 1966.
PULCI Luigi, *Morgante*, a cura di Franca Ageno, Milano, Mondadori, 1994.
QUINT David, *L'allegoria politica della «Gerusalemme liberata»*, «Intersezioni» 1, 1990, pp. 35-57.
RAIMONDI Ezio, *Poesia come retorica*, Firenze, Olschki, 1980.
—, *Introduzione*, in T. Tasso, *Gerusalemme liberata*, Milano, Rizzoli, 1988, pp. VII-CXXX.
RAJNA Pio, *Le fonti dell'Orlando Furioso*, a cura e con presentazione di Francesco Mazzoni, Firenze, Sansoni, 1975.
RESTA Gianvito, *Nuove immagini del Boccaccio nel Tasso*, «Lettere Italiane», 4, 1957, pp. 357-370.
ROBINSON Lillian S., *Monstrous Regiment. The Lady Knights in Sixteenth-Century Epic*, New York e Londra, Garland Publishing Inc., 1985.
ROSSI Elena, *Una metafora presa alla lettera: le membra lacerate della famiglia. «Tieste» di Seneca e i rifacimenti moderni*, Pisa, Ets, 1989.
SALISBURY Joyce E., *Church Fathers, Independent Virgins*, London, Verso, 1991.
SAEZ Richard, *Theodicy in Baroque Literature*, New York e Londra, Garland Publishing, Inc., 1985.
SALMONSON Jessica Amanda, *The Encyclopedia of the Amazons*, New York, Paragon House, 1991.
SANDFORD John A., *Evil. The Shadow Side of Reality*, New York, Crossroad, 1981.
SAVOIA Francesca, *Notes on the Metaphor of the Body in the «Gerusalemme Liberata»*, in *Western Jerusalem. University of California Studies on Tasso*, a cura di Luisa Del Giudice, New York, Norriston e Milano, Out of London Press, 1984, pp. 57-70.
SCIANATICO Giovanna, *L'armi pietose. Studio sulla Gerusalemme Liberata*, Venezia, Marsilio, 1990.
SECCHI MESTICA Giuseppina, *Dizionario universale di mitologia*, Milano, Rusconi, 1990.
SOFOCLE, *Edipo Re*, traduzione di Salvatore Quasimodo, Milano, Mondadori, 1983.
SOLERTI Angelo, *Anche Torquato Tasso?*, «Giornale storico della letteratura ita-

liana», 3, 1887, pp. 431-440.

—, *Vita di Torquato Tasso*, Torino-Roma, Loescher, 1895.

STEPHENS Walter, *Saint Paul among the Amazons. Gender and Authority in «Gerusalemme liberata»*, in *Discourses of Authority in Medieval and Renaissance Literature*, a cura di Kevin Brownlee and Walter Stephens, Hanover e Londra, UP of New England, 1989, pp. 169-200.

STROUD Joanne E GAIL Thomas (a cura di), **Images of the Untouched. Virginity in Psyche, Myth and Community*, Dallas, TX, Spring Publications, 1982.

TAGLIAVINI Carlo, *Origine e storia dei nomi di persona*, Bologna, Patròn, 1972.

TASSO TORQUATO, *Opere*, a cura di Giovanni Rosini, 33 Voll., Pisa, Niccolò Capurro, 1821-32.

—, *Le lettere*, disposte in ordine di tempo ed illustrate da Cesare Guasti, 5 Voll., Firenze, Le Monnier, 1853-55.

—, *Dialoghi*, edizione critica a cura di Ezio Raimondi, 3 Voll. (4 tomi) Firenze, Sansoni, 1958.

—, *Gerusalemme liberata*, a cura di Fredi Chiappelli, Milano, Rusconi, 1982.

TIBILETTI Carlo, *Verginità e matrimonio in antichi scrittori cristiani*, Roma, Giorgio Bretschneider, 1983.

TOMALIN Margaret, *The Fortunes of the Warrior Heroine in Italian Literature*, Ravenna, Longo, 1982.

TOZZI Ileana, *Bellezza Orsini: cronaca di un processo per stregoneria*, Antrodoco, Nova Italia, 1990.

VIRGILIO, *Eneide*, a cura di Ettore Paratore, traduzione di Luca Canali, Milano, Mondadori, 1978.

WALKER Barbara G., *The Woman's Encyclopedia of Myths and Secrets*, San Francisco, Harper & Row, 1983.

—, *The Woman's Dictionary of Symbols and Sacred Objects*, San Francisco, Harper & Row, 1988.

WARNER Marina, *Alone of All Her Sex. The Myth and the Cult of the Virgin Mary*, New York, Alfred A. Knopf, 1976.

WATTS Alan, *Urbanism and Paganism*, in *Nature, Man, and Woman*, New York, Pantheon Books, 1958, pp. 25-50.

Willelmi Tyrensis Archiepiscopi Chronicon, edizione critica di R.B.C. Huygens, Corpus Christianorum LXIII-LXIIIA, 1986.

ZAGO Ester, *Magia come allucinazione: la foresta incantata nel XIII canto della Gerusalemme Liberata*, «Selecta», 7, 1986, pp. 117-122.

ZANCAN Marina, *La donna e il cerchio nel «Cortegiano» di B. Castiglione. Le funzioni del femminile nell'immaginario di corte*, in *Nel cerchio della luna. Figure di donne in alcuni testi del XVI secolo*, a cura di M. Zancan, Venezia, Marsilio, 1983, pp. 13-56.

ZARKER John W., *Amata: Vergil's Other Tragic Queen*, «Vergilius», 15, 1969, pp. 2-24.

ZATTI Sergio, *L'uniforme cristiano e il multiforme pagano. Saggio sulla «Gerusalemme Liberata»*, Milano, Il Saggiatore, 1983.

Indice dei nomi

Agostino, 30, 104, 105, 118
Alfonso II, 18, 90
Antoniano, S., 92
Ardizio, C., 92
Ariosto, L., 29, 35, 36, 37, 40, 63, 81, 82, 83, 84, 130
Aristotele, 15, 19, 20, 22, 56
Arthur, M., 25, 26
Aspergren, K., 104

Bachofen, J.J., 28, 67, 68, 70
Badinter, E., 70
Balduino, A., 101
Bàrberi Squarotti, G., 88
Beauvoir, S., 70
Belloni, A., 93
Benedetti, L., 110
Benson, P.J., 17, 38
Biondo, M., 62
Boccaccio, G., 11, 12, 13, 14, 90, 101, 102
Boiardo, M.M., 35, 98
Bonnet, J., 11
Bonora, E., 80
Boswell, J., 82
Bravo, G.L., 65
Brazouski, A., 27
Brosse, J., 123

Brownlee, K., 74
Bruni, D., 16, 17
Bruwaene, M. van den, 9
Burrus, V., 104

Cabani, M.C., 81
Cacciari, C., 113
Camilli, C., 93
Canali, L., 26, 27
Cappellano, A., 99
Cappello, B., 18, 19
Capra, G.F., 17
Cardini, F., 109
Caretti, L., 29, 65
Cassell, A.K., 12
Castiglione, B., 16
Cesarotti, M., 49
Chasseguet-Smirgel, J., 68
Chiabrera, G., 93
Chiappelli, F., 23, 30, 31, 45, 46, 48, 51, 62, 63, 69, 87, 91, 109, 113, 124, 126
Cicerone, 9
Cirlot, J.-E., 124
Clark, S., 121
Cohn, N., 121
Colonna, V., 18
Concolino Mancini, B., 85

Corrigan, B., 94
Corti, G., 19
Cox, V., 17
Crescini, V., 101

Daly, M., 119
Dante, 10, 11, 29, 59, 88, 118, 125
Debenedetti, S., 35
De Sanctis, F., 29
Del Giudice, L., 23
Della Terza, D., 59
Devoto, G., 44
Di Benedetto, A., 106
Doglio, M.L., 17
Donadoni, E., 74, 94
Douglas, M., 121
Dubois, C.G., 130
Duby, G., 100
Dutschke, D.J., 19
Duval, A., 111

Eco, U., 54, 94, 112, 113, 134
Eliodoro, 33
Elisabetta I, 18
Erspamer, F., 109
Eschilo, 25
Esiodo, 25, 71
Este, L., 18

Fahy, C., 17
Fedele, C., 54, 55, 105, 109
Ferguson, M.W., 48
Fernandez, D., 99
Ferrari, A., 9
Finucci, V., 36, 38
Forcellini, E., 45
Forni, P.M., 11, 14, 93, 113
Foscareno, L., 119
Foucault, M., 44
Frazer, J.G., 9
Freud, S., 48, 68, 71, 72, 126, 127
Frigo, D., 18
Fromm, E., 70, 71
Fuss, D., 68

Georgin, R., 72
Gerbi, A., 119
Geremia, 105
Getto, G., 45, 46, 78, 79, 102, 103, 106
Giamatti, A.B., 61, 65, 74
Gilbert, S., 56, 130
Gillis, D., 43
Glucksberg, S.M., 113
Godard, A., 60, 80
Gonzaga, E., 18, 19, 20
Gonzaga, M., 18
Gonzaga, S., 21, 91, 109
Graf, A., 119
Graves, R., 9
Guarini, B., 106
Guarino, G., 53
Guarino Veronese, 54
Gubar, S., 56
Guglielmo da Tiro, 24, 132
Günsberg, M., 66, 67, 108
Güntert, G., 48, 61

Hacquard, G., 9
Harrison, R.P., 123

Irigaray, L., 124

Kelso, R., 18, 21
Keysar, B., 113
Kieffer, R., 104
King, M.L., 53, 56, 58, 121
Kirkham, V., 12
Klaits, J., 120
Knox, J., 18
Kramer, H., 121

Labalme, P., 53, 54, 55
Lacan, J., 55, 72
Lamphere, L., 122
Larivaille, P., 24, 30, 94, 100, 108
Lederer, W., 42
Lee, R.W., 29
Limentani, A., 12

Indice dei nomi

Luigini, F., 82, 89

Maclean, I., 15, 85, 119
Maier, B., 16, 56
Makowski, J.F., 81
Marconi, P., 23
Marinella, L., 22
Martin, R., 121
Martini, F.G., 23
Matthews, B., 89
McLaughlin, M., 34
McLucas, J.C., 49, 55
Medici, C., 18
Medici, G., 16
Métral, M.-O., 110
Millan, B., 18
Modio, G.B., 120
Momigliano, A., 57, 105
Monorchio, G., 131
Moretti, W., 46, 121
Murtaugh, K.O., 93
Musacchio, E.M., 34, 98, 100, 122

Nobili, F., 92
Noddings, N., 120
Nogarola, I., 53, 54, 119
Nugent, G.S., 26

Olini, L., 74
Olivier, C., 71
Orologgi, G., 132
Ortner, S.B., 121, 122
Ossola, C., 71

Paolini Massimi, P., 55, 56
Paratore, E., 26, 28, 80
Parotti, P.E., 34
Perrot, M., 100
Petrocchi, G., 80
Pierrugues, P., 45
Platone, 15, 16, 19, 74, 81
Pool, F., 46
Procoldo di Rochese, 24
Properzio, 106

Propp, V.I., 65
Prudenzio, 30
Pulci, L., 57

Quaglio, A.E., 90, 101
Quasimodo, S., 71
Quint, D., 23

Raimondi, E., 21, 45, 65, 66, 73, 124
Rajna, P., 36, 39
Resta, G., 102
Robinson, L.S., 26, 28, 46
Rosaldo, M.Z., 122
Rosini, G., 19
Rossi, E., 113
Ruffini, G., 99

Sàez, R., 119
Salisbury, J.E., 104, 105
Salmons, J., 121
Salmonson, J.A., 34
Sandford, J.A., 125
Savoia, F., 23
Scaglione, A., 98
Scalabrino, L., 91, 109
Schor, N., 68
Scianatico, G., 44, 65, 66, 73
Secchi Mestica, G., 9
Segre, C., 35
Servio, 27
Sofocle, 71
Solerti, A., 83, 84
Speroni, S., 17
Sprenger, J., 121
Stephens, W., 74, 112
Summers, M., 121

Tagliavini, C., 77
Tasso, T., 18, 19, 21, 22, 23, 24, 29, 45, 46, 50, 51, 57, 59, 60, 65, 74, 75, 82, 83, 84, 91, 93, 100, 102, 105, 106, 108, 109, 114, 118, 121, 122
Tertulliano, 104, 119

Tibiletti, C., 111
Tomalin, M., 34, 57
Torquemada, J., 11
Tozzi, I., 121

Virgilio, 80, 81, 82, 125

Walker, B.G., 11, 44, 64
Warner, M., 44, 103, 120

Watts, A., 123
Wedd, E., 68

Zago, E., 125
Zancan, M., 16
Zarker, J., 27
Zatti, S., 60, 66, 83
Zonta, G., 62
Zwinger, T., 15

Indice generale

Premessa	p.	7
I. *L'esempio di Diana*	»	9
1. La vergine inflessibile	»	9
2. Il dibattito rinascimentale	»	14
3. Il tema di Diana nella «Gerusalemme liberata»	»	22
4. Il precedente virgiliano	»	25
5. La *vis abdita*	»	28
II. *Clorinda*	»	33
1. Vita, imprese e morte delle guerriere	»	33
2. Clorinda e la paura della donna	»	41
3. Fera agli uomini, uomo alle belve	»	48
4. Arco e frecce, aghi e fusi, penna e calamaio	»	52
III. *Armida*	»	59
1. Il poeta della città	»	59
2. Il giardino di Armida	»	61
3. La cecità di Edipo, il segreto di Giocasta	»	67
4. Ancora una prova per Rinaldo	»	73
IV. *Erminia*	»	77
1. Erminia o del mistero	»	77
2. Il triangolo del desiderio	»	78
3. Ancora sui «lochi chiusi»	»	84
4. Virtù di donna, onore di regina	»	86
5. Un misterioso lieto fine	»	90

V. *L'amore cristiano* p. 97
    1. Le «eccezioni» » 97
    2. Amore, fede e matrimonio » 97
    3. Olindo e Sofronia: prolegomeni alle nozze » 101
    4. I precetti di Macone » 108
    5. Gildippe e Odoardo: *non duo, sed una caro* » 110

VI. *La sconfitta di Diana* » 117
    1. I percorsi del male » 117
    2. Il tema della foresta » 122
    3. Il manto di Goffedo » 130

Bibliografia delle opere citate » 135

Indice dei nomi » 143

ULTIMI VOLUMI PUBBLICATI NELLA COLLANA

Zangrilli, F. - L'arte novellistica di Pirandello, (39), pp. 304
Bonifazi, N. - Lingua mortale. Genesi della poesia leopardiana, (40), pp. 184
Piccolomini, M. - Il pensiero estetico di Gianvincenzo Gravina, (41), pp. 120
Di Scipio, G.C. - The Symbolic Rose in Dante's *Paradiso*, (42), pp. 180
Raimondi, E. - Curi, F. - De Robertis, D. - Pedrelli, C. Conti, G. - Renato Serra. Il critico e la responsabilità delle parole. Con inediti serriani, (43), pp. 176, 33 ill.
Baffoni Licata, M.L. - La poesia di Vittorio Sereni: alienazione e impegno, (44), pp. 208
Cappelletti, S. - Luigi Riccoboni e la riforma del teatro: dalla commedia dell'arte alla commedia borghese, (45), pp. 160
Costantini, A.G. - Apprendistato e arte di Vasco Pratolini, (46), pp. 248
Di Paolo, M.G. - Beppe Fenoglio: fra tema e simbolo, (47), pp. 136
Verdenelli, M. - La teatralità della scrittura. Castiglione, Parini, Leopardi, Campana, Pavese, (48), pp. 176
Stone, J. - Pirandello's naked prompt. The structure of repetition in modernism, (49), pp. 228
Urgnani, E. - Sogni e visioni. Massimo Bontempelli fra surrealismo e futurismo, (50), pp. 160
Tudini, V.A. - Varianti sconosciute di *Il seme sotto la neve* di Silone: analisi strutturale, (51), pp. 240
Speciale, E. (a cura di) - Giacomo Leopardi: estetica e poesia, (52), pp. 160
Meda, A.R. - Bianche statue contro il nero abisso. Il teatro dei miti in Pirandello e D'Annunzio, (53), pp. 392
Carroli, P. - Esperienza e narrazione nella scrittura di Alba de Céspedes , (54), pp. 196
Bigi, B. - L'autorità della lingua. Per una nuova lettura dell'opera di Salvatore Satta, (55), pp. 128
Damiani, R. - L'impero della ragione. Studi leopardiani, (56), pp. 208
Cantelmo, M. - Il *Piacere* de' leggitori. D'Annunzio e la comunicazione letteraria, (57), pp. 264

Finito di stampare
nel mese di gennaio 1997
per A. Longo Editore in Ravenna
da Edit Faenza